eLearning
Qualitäts-Evaluationstool

Erwin Bratengeyer, Arndt Bubenzer,
Julia Jäger & Gerhard Schwed

eLearning
Qualitäts-Evaluationstool

Endbericht

gefördert vom Forum neue Medien in der Lehre Austria,
F&E-Call 2012

< fnm >

Impressum

eLearning Qualitäts-Evaluationstool
Endbericht

herausgegeben vom Verein Forum neue Medien in der Lehre Austria
Graz, 2015

Autorin und Autoren:
Erwin Bratengeyer, Arndt Bubenzer, Julia Jäger & Gerhard Schwed

ISBN
9783734762109

Druck und Verlag
Books on Demand GmbH, Norderstedt

< fnm >

Inhalt

< fnm >

Vorwort des fnm-austria-Präsidiums

„Der Verein Forum neue Medien in der Lehre Austria bietet als etablierte Interessenvertretung ein lebendiges Netzwerk sowie die Entwicklung und Verbreitung von institutionsübergreifenden Maßnahmen und Modellen im Bereich der (technologiegestützten) Bildungsangebote."

Basierend auf diesem Mission Statement hat sich der Verein bereits 2010 dazu entschieden, seinen Mitgliedern Handreichungen und Praxisbeispiele zur Verfügung zu stellen, die sie bei der Realisierung und Verbesserung technologiegestützter Lehr- und Lernprozesse bestmöglich unterstützen. Durch gezielte Projektvergaben an unsere Mitglieder versucht der Verein, spezifisches Know-How zu bündeln und so wieder in geordneter Form allen zur Verfügung zu stellen.

Es ist heute fast schon Tradition, dass wir Ihnen eine weitere Ausgabe unserer Handbücher anbieten können, dieses Mal mit Bezug auf das „eLearning Qualitäts-Evaluationstool" (eLQe), das aus der vorliegenden Analyse bestehender Zertifizierungsinitiativen abgeleitet wurde und in Form eines Web-basierten Selbstevaluationstools unter www.elqe.at verfügbar ist.

Der Verein bedankt sich bei all den Autorinnen und Autoren und den oftmals vielen Helferinnen und Helfern im Hintergrund, die diese Ressource überhaupt erst ermöglichen. Und Ihnen, liebe Leserinnen und Leser, wünschen wir viel Spaß mit der Lektüre und freuen uns, wenn Sie unsere Vereinsaktivitäten in Zukunft weiterhin so unterstützen.

Martin Ebner & Stephan Waba
Präsidenten des Vereins
Forum neue Medien in der Lehre Austria

< fnm >

< fnm >

Abstract

Hochschulen widmen sich verstärkt Qualitätssicherungsmaßnahmen. Mehrere Initiativen, die sich speziell mit Qualität im E-Learning befassen, sind in den vergangenen Jahren entstanden. Es wurden einleitend Institutionen und Netzwerke, die Zertifizierungen als Maßnahme zur Qualitätsentwicklung von E-Learning durchführen, erfasst und analysiert. Trotz unterschiedlicher Ansätze weisen deren Bemühungen in eine gemeinsame Richtung, eine Standardisierung hat sich jedoch bislang noch nicht herausgebildet. Auch die österreichische E-Learning-Community bekennt sich zu einer qualitätsbezogenen Auseinandersetzung. Das Forum neue Medien in der Lehre Austria hat im Zuge des F&E-Calls 2012 die Entwicklung des vorliegenden „eLearning Qualitäts-Evaluationstools" beauftragt. Die vergleichende Analyse von sechzehn Zertifizierungsinitiativen gab Aufschluss über die Entwicklung von Kriterien und Indikatoren, die dem eLearning Qualitäts-Evaluationstool (eLQe) zugrunde gelegt wurden. Ein Web-basiertes Selbstevaluationstool wurde entwickelt, das Programmverantwortliche und Lehrende bei der Planung und Durchführung von E-Learning-Aktivitäten im Rahmen von Lehrveranstaltungen unterstützt. Die Selbstevaluation, die auf www.elqe.at durchgeführt werden kann, liefert Daten, die eine Orientierung in Bezug auf die Erreichung eigener Qualitätsziele anbietet, sodass auf diese Weise eine ressourcenfreundliche, auf Eigenleistung beruhende Qualitätsentwicklung ermöglicht wird. Eine Weiterentwicklung unter Einbeziehung zusätzlicher Akteurinnen und Akteure wird angestrebt.

Abstract (engl.)

Universities tend to focus on quality assurance measures increasingly. Several initiatives specifically dealing with quality in e-learning have emerged in recent years. Nevertheless, a common level of international standardization has not been achieved yet. The Austrian e-learning community is committed to a quality-related approach. The Forum new Media in Teaching Austria has mandated the development of this "eLearning Quality Evaluation Tool" in the course of its R & D call 2012. A comparative analysis of sixteen certification initiatives was carried out setting the direction for the development of criteria and indicators the eLearning Quality Evaluation Tool (eLQe) was based on. A web-based self-assessment tool was developed for the support of program managers and faculty in the planning and implementation of e-learning activities. The self-evaluation tool is available on www.elqe.at, it provides data allowing for an orientation with respect to the achievement of one's own quality goals in a resource-friendly way. Further development involving additional stakeholders is being envisaged.

< fnm >

< fnm >

1. Einleitung

1.1. Kurzbeschreibung des Projektes

Im Zuge des Projektes eLearning Qualitäts-Evaluationstool (eLQe) wurde ein Tool zur Evaluation universitärer E-Learning-Maßnahmen entwickelt. Die Entwicklung wurde vom eLearning Center der Donau-Universität Krems und common sense - eLearning & training consultants durchgeführt. Beide Partner waren bereits in einschlägigen Projekten tätig, von der Donau-Universität wurde ein E-Learning Label (Bratengeyer & Schwed, 2012) entwickelt und common sense war in der Entwicklung des Caucasus eLearning Quality Checks involviert.

eLQe unterstützt Programmverantwortliche und Lehrende bei der Planung und Durchführung von E-Learning-Aktivitäten im Rahmen von Lehrveranstaltungen. Mittels des Evaluationstools werden Kriterien und Indikatoren bereitgestellt, um das eigene E-Learning-Angebot reflektieren und quantifizieren zu können. Der Quantifizierungsprozess des Tools liefert Daten, die eine Orientierung in Bezug auf die Erreichung der Qualitätsziele anbieten. Auf diese Weise kann eine ressourcenfreundliche, auf Eigenleistung beruhende Qualitätsentwicklung eingeführt und ein Optimierungsprozess in die Wege geleitet werden. Das Tool ermöglicht eine Justierung entsprechend institutioneller bzw. individueller Qualitätsansprüche, es wurde als Web-basiertes Programm entwickelt und stellt die Evaluationsergebnisse in anschaulich aufbereiteter Form dar.

1.2. Projektablauf

Es wurden vier Projektphasen definiert.

Analyse. Es wurde eine ausführliche Analyse bestehender internationaler Zertifizierungsbemühungen vorgenommen. Aktuelle Initiativen einschließlich der von beiden Projektpartnern bereits gesammelten eigenen Erfahrungen wurden erfasst und analysiert. Es erfolgte eine Überprüfung auf die Adaptierbarkeit von Aspekten dieser Zertifizierungsaktivitäten auf die österreichische Hochschullandschaft. Allfällige Beispiele guter Praxis wurden identifiziert.

Kriterienentwicklung. Es erfolgte auf Basis adaptierter Kriterien die Erstellung von Kategorien und zugehöriger Indikatoren. Es galt dabei, die Balance zwischen Verallgemeinerung und Praktikabilität zu halten. Ebenso wurde darauf geachtet, die Anzahl der Evaluationsfragen gering zu halten.

Programmierung. Auf Basis der erfolgten Analyse und Konzeptualisierung wurde die programmiertechnische Umsetzung des Tools in die Wege geleitet. Mehrere Möglichkeiten wurden sondiert, schließlich wurde eine Web-basierte Lösung umgesetzt. Die Web-basierte Lösung wurde bevorzugt, da die Aspekte Programmiersprache (PHP), Distribution (Web), Betriebssystem (Unabhängigkeit), Clientprogramm (Browser) auf vergleichsweise einfache Art und Weise berücksichtigt werden konnten.

< fnm >

Pilotierung. Mit Hilfe der dankenswerten Unterstützung von Pilotuserinnen und Pilotusern wurden die unterschiedlichen Rahmenbedingungen der österreichischen Hochschullandschaft erfasst.

Das Projekt wurde die Phasen I – III betreffend plangemäß umgesetzt. Abweichend von der ursprünglichen Planung wurde Phase IV vorgezogen, um bereits frühzeitig unterschiedliche institutionelle Rahmenbedingungen berücksichtigen zu können. Für die Gespräche und Diskussion standen Fachkolleginnen und Fachkollegen folgender Institutionen – zumeist im Zuge eines Besuches vor Ort – zur Verfügung:

- Fachhochschule St. Pölten
- Fachhochschule Technikum Wien
- IMC Fachhochschule Krems
- Universität Linz
- Pädagogische Hochschule Salzburg
- Pädagogische Hochschule Steiermark
- Private Pädagogische Hochschule der Diözese Linz
- Technische Universität Graz
- Technische Universität Wien
- Universität Graz
- Universität Innsbruck
- Virtuelle Pädagogische Hochschule

Den Kolleginnen und Kollegen gilt besonderer Dank für ihre Mitwirkung! Phase IV wurde zwar vorzeitig eingeleitet, jedoch konnte der zweite Teil der Pilotierungsphase – die Überprüfung der Praxistauglichkeit – nicht innerhalb des Projektzeitraumes abgeschlossen werden. Die Umsetzung der Programmierung erforderte aufwendigeren Diskussionsbedarf und wiederholtes Redesign, es mussten schließlich zusätzliche Ressourcen aufgebracht werden. Die Überprüfung der Praxistauglichkeit wurde eingeleitet, indem ein Feedbackfragebogen an die Personen der oben genannten Institutionen ausgesandt wurde, die Auswertung der Rückmeldungen wird aber erst zu einem späteren Zeitpunkt erfolgen können. Es ist eine Weiterentwicklung des Tools geplant, dies wurde von den Projektpartnerinnen und partnern und Pilotuserinnen und usern bekundet, ebenfalls wurden bereits Ressourcen in Aussicht gestellt.

< fnm >

2. E-Learning-Qualitätsentwicklung

Qualitätssicherung hat, wie oftmals auch seitens der EU bekräftigt, eine hohe Priorität und gerade Hochschuleinrichtungen werden im Zuge der Umsetzung der Bologna-Richtlinien zur Einführung von Qualitätssicherungsverfahren angehalten. Die unterschiedlichen Bemühungen um Qualität im E-Learning richten ihren Fokus auf unterschiedliche Bereiche, seien es die Prozesse, die Inhalte, die Programme oder die Institutionen. Mehrere Initiativen, die sich speziell mit Qualität im E-Learning befassen, sind entstanden, deren Bemühungen weisen trotz unterschiedlicher Ansätze in eine gemeinsame Richtung. Sie bieten Service und Tools an und sind bestrebt, Qualitätsentwicklung zugunsten aller Beteiligten voranzubringen. Beispielgebend sei an dieser Stelle das Projekt VOPLA[1] genannt, das sich bereits seit 2004, in einem Zusammenschluss dreier finnischer Universitäten, mit Qualitätsmanagement im E-Learning befasst und Leitlinien und Handbücher publiziert hat – bspw. Quality Manual for e-Learning[2] (Löfström et al., 2006). Ebenso ist an führender Stelle die European Foundation for Quality in e-Learning (EFQUEL)[3] zu nennen. Die europäische Partnerorganisation befasst sich seit 2005 mit der Förderung von qualitätsorientiertem Einsatz von Bildungstechnologien und hat eine Reihe von Servicemaßnahmen, Tools und Publikationen hervorgebracht. Mit der inneruniversitären Zertifizierung hat sich die Technische Universität Darmstadt ebenfalls bereits seit 2005 befasst,[4] die diesbezüglich als Vorreiterin zu nennen ist (Sonnberger & Bruder, 2009). Die Qualitätsinitiative E-Learning in Deutschland (Q.E.D.)[5] befasst sich mit der Qualität der Aus- und Weiterbildung unter besonderer Berücksichtigung von E-Learning. Es wird auf die Förderung von Standards Wert gelegt, um in diesem Bildungsbereich erstmals eine Harmonisierung zu erwirken. Zielgruppe der deutschen Qualitätsoffensive sind allerdings nicht primär die Hochschulen, sondern KMUs und die öffentlichen Verwaltungen. Als Ergebnis der Arbeitsgruppe „Qualität im E-Learning" resultierte die Publikation *Qualität und Standards im E-Learning*[6] (Stracke, 2009) und der erste E-Learning-Qualitätsstandard ISO/IEC 19796-1:2005. Der erste Teil einer vierteiligen Norm, die in Zukunft helfen soll, einen weltweit einheitlichen Standard für das Qualitätsmanagement von Aus- und Weiterbildungsprozessen unter besonderer Berücksichtigung von E-Learning zu schaffen, stellt jedoch zunächst nichts anderes als einen Orientierungsraster dar (ISO/IEC 19796-3:2009, ISO/IEC 19796-2: in Entwicklung, ISO/IEC 19796-4: in Entwicklung).

---

1   http://www.vopla.fi/about_vopla/index.html
2   http://www.vopla.fi/quality_manual_for_e-learning/index.html
3   http://efquel.org/
4   http://www.pedocs.de/volltexte/2011/3291/pdf/Sonnberger_Bruder_Evaluation_und_
    Qualitaetssicherung_durch_ein_E_Learning_Label_D_A.pdf
5   http://www.qed-info.de/
6   http://www.qed-info.de/docs/20091126_QED_Qualitaet_und_Standards_im_E-Learning.pdf

< f n m >

Auch die österreichische E-Learning-Community bekennt sich zu einer qualitätsbezogenen Auseinandersetzung. Das Forum neue Medien in der Lehre Austria befasste sich im Jahr 2010 in einer ihrer Arbeitsgruppen mit dem Thema „Qualität der Hochschullehre" und „[...] zeigt[e] anhand von Good-Practice-Beispielen die Potenziale von E-Learning für qualitätsorientierte Lehre auf, arbeitet Qualitätsmerkmale aus, die beim Einsatz neuer Medien erfüllt werden sollten, und stellt Anreiz- und Steuerungsmodelle für den Einsatz von E-Learning dar[...]".

Allen Qualitätsoffensiven ist die Problematik gemeinsam, dass sich Qualität nicht auf einfache Weise definieren und standardisieren lässt. Umso mehr entzieht sich die Lernqualität einer eindeutigen Definition und unterliegt einer zusätzlichen Vielzahl von möglichen Deutungen. Die noch weitreichendere Problematik der Lernerfolgsmessung, die sich auf die Qualität des Lernergebnisses und nicht auf das Angebot bezieht, ist dabei hier noch gar nicht angesprochen. Trotz aller Vorbehalte ist es unumgänglich, Qualität im E-Learning einer Bewertung bzw. Messung zu unterziehen. Preussler & Baumgartner (2006) kommen zu dem Schluss, dass Evaluation für die Messung und Sicherung von (Lern-)Qualität entscheidend ist. Nach Ehlers & Pawlowski (2006) ist es wichtig, dass bei der Suche nach einer geeigneten Qualitätsevaluation immer die spezifische Bedarfslage berücksichtigt wird, ebenso wie der individuelle und institutionelle Kontext. Ein universaler und für alle Situationen geeigneter Evaluations- oder Qualitätsansatz sei illusorisch.

Um Qualitätsziele dingfest zu machen, darf nicht bei der Ausformulierung von Leitbildern Halt gemacht werden. Sie erfordern eine Umsetzung der Studien-, Kurs- oder Modulkonzepte in entsprechende Lernangebote. Um dies zu ermöglichen, werden definierte Rahmenbedingungen als didaktische Szenarien und Kriterien mit zugehörigen Indikatoren benötigt. In Abhängigkeit von spezifischen Zielen des Produktes (Lernangebotes) können Kriterien unterschiedlich gewichtet werden. Die Beachtung von Qualitätszielen ist ein wichtiges Evaluationselement, diese stellen den Bezugsrahmen im Evaluationsprozess dar und sollten daher der Evaluation vorausgeschickt werden.

2.1. Selbstevaluation als Basis

Eine der am weitesten verbreiteten Varianten der Qualitätsverbesserung im Bereich E-Learning ist, wie aus dem Forschungsbericht von Hense & Mandl (2006)[7] hervorgeht, die Selbstevaluation. Die Selbstevaluation besteht in der systematischen und zielgerichteten Sammlung, Analyse und Bewertung von Daten zur Qualitätssicherung und Qualitätskontrolle (Tegran, 2004)[8]. Selbstevaluation hat das Ziel, die Planung, Entwicklung, Gestaltung und den Einsatz von gesamten oder einzelnen Bildungsangeboten (Methoden, Medien, Programme, Programmteile) zu beurteilen. Als Merkmale

---

7   http://epub.ub.uni-muenchen.de/947/1/Forschungsbericht_184.pdf
8   http://www.waxmann.com/index.php?id=6&no_cache=1&tx_p2waxmann_pi1%5Bautor%5D=PER101863&tx_p2waxmann_pi1%5Bbuchstabe%5D=T

lassen sich nennen: vergleichsweise geringer Aufwand, maßgeschneidertes Vorgehen, Praxisnähe, unmittelbarer Beitrag zur Professionalisierung, erhöhte Akzeptanz. Das Vorgehen bei der Selbstevaluation lässt sich etwa nach Buhren, Killus & Müller (1999)[9] in Form einer allgemein gehaltenen Verfahrenslogik, die den Vorteil flexibler Zuordnungsmöglichkeiten aufweist, darstellen.

Um die Selbstevaluation durchführen zu können, sind vorbereitende Überlegungen anzustellen. Dazu gehören die Definition des Evaluationsobjektes (bspw. Programm, Lehrveranstaltung, Modul etc.) und der Qualitätsziele sowie der zugehörigen Kriterien und Indikatoren. Die Bestimmung dieser Elemente wird beim Einsatz des Tools vorausgesetzt. In den folgenden Kapiteln werden anhand von bestehenden identifizierten Zertifizierungsinitiativen jeweils Rahmenbedingungen und Evaluationskriterien analysiert.

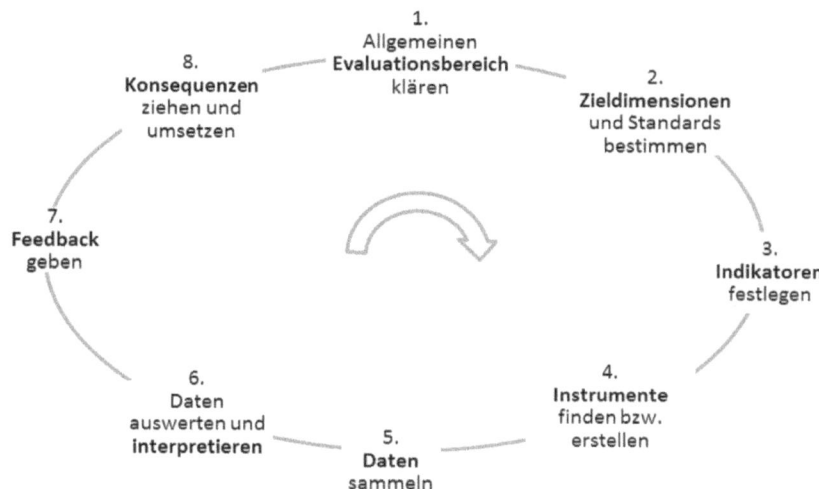

Abbildung 1: Selbstevaluationszyklus (nach Buhren, Killus & Müller, 1999)

Mit Bezug auf den in Abbildung 1 dargestellten Selbstevaluationszyklus gilt es, für die einzelnen Schritte konkrete, bedarfsorientierte Zuweisungen zu treffen. Im Nachstehenden werden die an der Donau-Universität Krems eingesetzten Maßnahmen und Elemente aufgelistet.

1. Evaluationsbereich
- die Institution
- das Studienprogramm (Lehrgang)
- die Lehrveranstaltung
- die Medien

---

9 http://marvin.sn.schule.de/~profil-q/materialien/RolleDerSchulaufsicht/Literatur/Praktischer%20Leitfaden%20zur%20
   Selbstevaluation.pdf

< fnm >

2. Zieldimensionen

- quantitative Umsetzung
- qualitative Umsetzung
  auf jeweils niedriger, mittlerer oder hoher Stufe

3. Indikatoren

- eingesetzte Funktionen
- genutzte Tools
- durchgeführte Aktivitäten
- Kompetenzen

4. Instrumente

- Fragebogen
- eLearning Qualitäts-Evaluationstool eLQe[10]

5. Daten

- Bewertungen
- Angaben
- Beispielumsetzungen

6. Interpretation

- Messergebnisse
- Punkteauswertung
- Radardiagramm
- Klassifikation
- Audit

7. Feedback

- Empfehlungen
- Auflagen
- Protokoll
- Stärken-Schwächen-Analyse

8. Konsequenzen

- Labelzuteilung
- Neueinreichung

---

10 http://www.elqe.at

< fnm >

3. Qualitätsentwicklungen durch Zertifizierung

Ein Akkreditierungsprozess kann als eine Maßnahme der Qualitätsentwicklung gesehen werden, jedoch hatten traditionelle Akkreditierungsinstitutionen E-Learning nicht als besonders zu berücksichtigendes Qualitätsmerkmal erkannt, wenngleich der Einsatz von Bildungstechnologien rasch an Bedeutung gewann. Daher haben sich – einhergehend mit der wachsenden Bedeutung von Qualitätssicherung – in den vergangenen Jahren einige Initiativen entwickelt, deren Bestreben es ist, Qualität im E-Learning voranzubringen. Wenngleich einige dieser Initiativen auch international agieren und um Zusammenwirken und Standardisierung bemüht sind, ist ein allumfassender Standard mit vereinheitlichten Rahmenbedingungen nicht in Sicht, dennoch sind vergleichbare Merkmale erkennbar. Erkennbar ist auch, dass der Ruf nach allzu standardisierter Vereinheitlichung kaum zu vernehmen ist, dass vielmehr dem jeweiligen Kontext ausreichend Bedeutung geschenkt wird und ebenso der Individualisierung der Lehr- und Lernprozesse. Standards und Spezifikationen können Rahmenbedingungen zur Verfügung stellen, die Qualität kann erst in der kontextspezifischen Umsetzung entstehen.

Zertifizierungsinstitutionen können sui generis einen Mehrwert generieren, indem sie durch Vernetzung eine kritische Masse bilden und durch ihr Wirken bereits einen Prozess auslösen, selbst wenn sie keinen Zertifizierungsprozess durchführten. Externe Zertifizierungen beabsichtigen, Feedback und Beratung von Fachexpertinnen und experten kostenpflichtig anzubieten. Die Zertifizierung durch die externe Referenz auf Basis einer unabhängigen (internationalen) Gemeinschaft kann Vertrauen in das zertifizierte Kursmaterial bzw. den Prozess schaffen und einen vermarktbaren Bonus bewirken. Doch die eigentliche Qualitätsentwicklung entsteht durch die Bildungsinstitution selbst, indem sie sich Qualitätsziele setzt und sich Kriterien unterstellt, unabhängig davon, ob diese extern eingebracht oder intern entwickelt wurden. Der eigentliche Mehrwert kann daher grundsätzlich ebenfalls durch interne Zertifizierung geleistet werden.

Die bedeutendsten derartigen Initiativen mit Schwerpunkt auf Europa werden – nach externen und internen Initiativen unterschieden – in den folgenden Kapiteln beschrieben.

3.1. Externe Zertifizierungsinitiativen

Externe Zertifizierungsinstitutionen betreiben Zertifizierungen als Dienstleistung mit gewerblicher Ausrichtung. Die Trägerorganisationen sind durchwegs als Netzwerk organisiert und bündeln Kompetenzen verschiedener Richtungen. Da den Zertifizierungen keine internationalen Standardisierungen zugrunde liegen, ist die Netzwerkbildung von besonderer Relevanz.

3.1.1.   European Foundation for Quality in e-Learning (EFQUEL)[11]

The *European Foundation for Quality in e-Learning* ist ein Netzwerk aus über 100 Institutionen, deren gemeinsames Interesse die Qualität im E-Learning ist. Ziel der Organisation ist es, Qualität im E-Learning an Hochschulen, Schulen und in der beruflichen Weiterbildung in Europa voranzubringen. Im Rahmen der EFQUEL-Aktivitäten wird ein Zertifizierungs-Service angeboten, das sowohl Institutionen (Hochschulen) als auch Programme und Produkte betrifft. Weiters werden Projekte mit Fokus auf Innovation, Open Access und Qualitätssicherung initiiert und durchgeführt sowie Publikationen erstellt. Der institutionellen Zertifizierung von Universitäten widmet sich das Projekt *European University in eLearning* (UNIQUe[12]). Für die Zertifizierung von E-Learning-Kursen und Programmen wurde der *Open Certification Standard for E-Learning in Capacity Building* ECBCheck[13] entwickelt.

3.1.2.   epprobate – the international quality label for elearning courseware[14]

epprobate ist, laut Eigendefinition, das erste internationale Qualitätssiegel für E-Learning-Kursmaterialien. Das Qualitätssiegel ist eine gemeinsame Initiative dreier Organisationen, die im ICT-Bildungsbereich tätig sind: das *Learning Agency Network* (BE), die *Agence Wallonne des Télécommunications* (BE) und das *e-Learning Quality Service Center* (TW). Ziel von epprobate ist das Anbieten eines Qualitätssiegels, das auf E-Learning-Produkte ausgerichtet ist, nicht auf Prozesse. epprobate ist über Kontaktpartner/innen in mehreren Ländern weltweit erreichbar.

3.1.3.   European Association of Distance Teaching Universities (EADTU-QA)[15]

Die *European Association of Distance Teaching Universities* (BE) ist ein seit 1987 bestehendes europäisches Netzwerk von über 200 Hochschulen und bezeichnet sich als führende europäische Bewegung auf dem Gebiet Qualitätssicherung im E-Learning. Die Task Force *Quality Assurance in E-Learning* hat sich die Qualitätssicherung im E-Learning zum Ziel gesetzt mit dem Fokus auf die Verbesserung von vier Elementen der Erwachsenenbildung: *accessibility*, *flexibility*, *interactiveness* und *personalization*. Die QA-Task-Force hat ein E-Learning-Benchmarking-Tool *E-excellence* entwickelt und ist im Begriff, eine Weiterentwicklung umzusetzen (*E-excellence+*) und auch eine breitere Akzeptanz unter den Hochschulen herzustellen. Hochschulen werden motiviert, eine Selbstevaluation auf Basis von E-excellence durchzuführen, welche anschließend optional von externen Reviewerinnen und Reviewern begleitet werden kann.

---

11 http://efquel.org
12 http://unique.efquel.org/
13 http://ecbcheck.efquel.org/tool/
14 http://www.epprobate.com/
15 http://www.eadtu.nl/e-xcellencelabel/

< fnm >

3.1.4. European Foundation for Management Development – teChnology-Enhanced Learning Accredidation (EFMD CEL)[16]

Die *European Foundation for Management Development – teChnology-Enhanced Learning Accredidation* ist am Swiss Center for Innovations in Learning (SCIL) der Universität St. Gallen (CH) beheimatet und ist auch Partnerin von EFQUEL. Ziel der Organisation ist es, den Standard technologiebasierter Studienprogramme, allerdings nur solche mit Managementausrichtung, weltweit zu erhöhen. EFMD CEL zielt darauf ab, Standards und Benchmarks zu setzen und Beispiele guter Praxis zu verbreiten. Es werden kostenpflichtige Zertifizierungen angeboten.

3.1.5. Deutsches Netzwerk der E-Learning Akteure – Qualitätsplattform Lernen (D-ELAN QPL)[17]

Das offene Netzwerk *Deutsches Netzwerk der E-Learning Akteure – Qualitätsplattform Lernen* rekrutiert sich aus E-Learning-Akteurinnen und Akteuren aus Wirtschaft, Öffentlicher Verwaltung und Wissenschaft. Ziel des 2004 gegründeten Netzwerkes ist es, bei den Planungsverantwortlichen in Unternehmen und Bildungsorganisationen und zugleich bei den Lernenden die Akzeptanz von E-Learning zu steigern und die Integration in Bildungs- und Personalentwicklungskonzepte voranzutreiben. DELZERT nennt sich das Qualitätssiegel des D-ELAN e.V., das sich an die gesamte Bildungsbranche richtet. Mit der sogenannten Qualitätsplattform Lernen (QPL) steht das entwickelte Zertifizierungsinstrument zur Verfügung. D-ELAN hat im Juni 2012 die Vereinigung mit dem ITK- und Medienverband BITKOM beschlossen.

3.1.6. Shared Evaluation of Quality in Technology (SEVAQ)[18]

Shared Evaluation of Quality in Technology (SEVAQ) ist eine europaweite Initiative zur Entwicklung von Qualität im E-Learning. SEVAQ ist auch die Bezeichnung eines Tools, das aus einem Leonardo-Da-Vinci-Projekt (2005–2007) entstanden ist und von der European Federation for Open and Digital Learning koordiniert wurde. Das Folgeprojekt SEVAQ+ läuft unter *dissemination* und *exploitation* des aktuellen Lifelong-Learning-Programmes und wird von EFQUEL verbreitet. Das Tool unterstützt die 360°-Selbstevaluation der Qualität von technologiegestütztem Lernen, indem Hilfestellungen bei der Entwicklung von Fragebögen gegeben werden. SEVAQ+ folgt dabei einer logischen Struktur, die vom EFQM Framework inspiriert und durch das Kirkpatrick-Studienmodell ergänzt worden ist. Um einen Fragebogen zu entwerfen, können Kriterien und Unterkriterien aus einem übergeordneten Pool aus Ressourcen, Prozessen und Ergebnissen strukturiert ausgewählt werden.

---

16 http://www.efmd.org/accreditation-main/cel
17 http://d-elan.webducation.info/
18 http://www.sevaq.eu

3.1.7. Estonian E-Universities e-course quality label[19]

Eines der Hauptziele des Estonian e-Learning Development Centres ist die Qualitätssicherung im E-Learning. Neben der Personalentwicklung und Infrastrukturbereitstellung gehört dazu die Prämierung des jährlichen *Quality E-Course Labels*[20]. Der E-Course des Jahres wird jährlich an Autorinnen und Autoren bzw. Lehrende von der seit 2007 eingesetzten Quality Assurance Task Force vergeben, die sich aus Expertinnen und Experten mehrerer Universitäten zusammensetzt. Die Entwicklung des Qualitätslabels erfolgte in Anlehnung an e-Excellence der EADTU.

3.1.8. Caucasus eLearning Network

Das *Caucasus eLearning Network* ist die regionale Kooperationsebene von rund 20 Universitäten und Bildungseinrichtungen in Armenien, Aserbaidschan und Georgien. Die verschiedenen Bildungsanbieter/innen führen E-Learning nach ähnlichen Mustern durch. Die Einzelprojekte bauen auf einem Institution-Building-Programm auf, das 2008–2012 durch die deutsche Bundesregierung gefördert und von InWEnt/GIZ durchgeführt wurde. Im Rahmen der Projektaktivitäten wurde auch der Caucasus eLearning Quality Check entwickelt, ein Selbstevaluierungs- und Peer-Review-Mechanismus, mit dem die beteiligten Organisationen ihre E-Learning-Aktivitäten überprüfen können und so die selbstgesetzten Standards sichern.

3.1.9. National Association of Advisors for Computers in Education (Naace)[21]

Die *British Educational Communications and Technology Agency* (BECTA) war die führende Institution Großbritanniens auf dem Gebiet ICT im Bildungswesen bis zum Ende der staatlichen Förderung im Jahr 2011. Die BECTA-Agenden wurden nun von Naace (National Association of Advisors for Computers in Education), einer Vereinigung von ICT-Expertinnen und Experten, Pädagoginnen und Pädagogen und Strateginnen und Strategen, übernommen. Von BECTA wurde ein Zertifizierungsprogramm – ICT Mark[22] – auf Basis einer Selbstevaluation entwickelt. Dieses Self-review Framework[23] richtet sich an Schulen und ermöglichte diesen eine Reflexion und ein Benchmarking ihrer ICT-basierten Bildungsaktivitäten. Für Schulen außerhalb von GB steht seit 2010 auch eine internationale Zertifizierung zur Verfügung: *International Technology in Education Mark* (ITEM)[24].

---

19 http://www.e-ope.ee/en/quality
20 http://www.e-ope.ee/en/quality/process
21 http://www.naace.co.uk
22 http://www.naace.co.uk/ictmark
23 http://webarchive.nationalarchives.gov.uk/20101102103713/https:/selfreview.becta.org.uk/about_this_framework
24 http://www.naace.co.uk/ITEM

< fnm >

3.1.10. eLearning im Schulalltag (eLSA)[25]

eLearning im Schulalltag ist ein IT-Leitprojekt des bm:ukk, das die flächendeckende Einführung von E-Learning (Blended Learning) an den Schulen der Sekundarstufe I forciert. Das eLSA- bzw. eLSA-advanced-Netzwerk ist ein Zusammenschluss von über 150 österreichischen Schulen. eLSA beabsichtigt Qualitätssicherung durch die Evaluierung von Schulen und das Anbieten von Weiterbildung. Eine eLSA-Schule wird durch eine erfolgreiche Zertifizierung zu einer offiziell ausgewiesenen Expertenschule für E-Learning, eine Breitenwirkung, die über Pilotaktivitäten hinausgeht, ist angestrebt. Die eLSA-Zertifizierung basiert auf acht Zielen, siehe Zertifizierung-Orientierungshilfe[26], die zur Erlangung des Zertifikats zu erreichen sind.

3.2. Interne Zertifizierungsinitiativen

Interne Zertifizierungsinitiativen verzichten auf eine ohnehin nicht gegebene Standardisierung. Dadurch können sowohl Kosten gespart werden als auch eine Optimierung zugunsten eigener Kriterien betrieben werden.

3.2.1. Technische Universität Darmstadt

Das E-Label[27] dient der TU Darmstadt als Instrument der Qualitätsentwicklung von Lehre im Allgemeinen und E-Learning im Besonderen. Es wurde bereits seit 2005 erprobt und ist seither dauerhaft als das zentrale Instrument zur Qualitätsentwicklung von E-Learning-Veranstaltungen der TUD im Einsatz. Die Entwicklung des E-Labels, mit dem Ziel, die pädagogisch-didaktische Qualität bei der Einbindung von Informations- und Kommunikationstechnologien in die Curricula der Lehrveranstaltungen sicherzustellen, entstand im Rahmen einer Dissertation. Der Vergabeprozess des E-Labels ist somit aus Sicht der Universität ein Fundament für die Entwicklung der Qualitätsstandards in der Lehre. Konkret wird an einer Lehrveranstaltung das Potenzial bewertet, das entweder eine Weiterentwicklung bisheriger didaktischer Konzepte ermöglicht, oder das zur Unterstützung der Digitalisierung von Lerninhalten dient. Hieraus ergeben sich fünf Kategorien mit elf Kriterien. Die Kategorien sind das Ergebnis aus dem Anliegen einer verstärkten Lernenden-Orientierung im gesamten Lehr- und Lernprozess in der Hochschullehre durch den Einsatz von E-Learning.

3.2.2. Goethe-Universität Frankfurt

An der Goethe-Universität Frankfurt wurde zur Kennzeichnung von E-Learning-Aktivitäten ein dreistufiges Label[28] für Lehrveranstaltungen eingeführt, das die Intensität und Art der Medien-

---

25 http://elsa20.schule.at

26 http://elsa20.schule.at/uploads/media/elsa_zertifizierung_orientierungshilfe_01.pdf

27 http://www.e-learning.tu-darmstadt.de/qualitaetssicherung/elabel/index.de.jsp

28 http://www.studiumdigitale.uni-frankfurt.de/ella/index.html

< fnm >

nutzung in Lehrveranstaltungen beschreibt. Das eLearning-Label der Johann Wolfgang Goethe-Universität Frankfurt am Main verfolgt das bescheidene Ziel, Lehrveranstaltungen, in denen neue Informations- und Kommunikationstechnologien in computer- und internetbasierten Lehr-, Lern- und Arbeitsprozessen zum Einsatz kommen, für die Studierenden im elektronischen Vorlesungsverzeichnis der Universität transparent zu machen.

3.2.3. Universität Kassel

Die Universität Kassel führte 2008 ein E-Learning-Label[29] ein. Ziel des E-Learning-Labels ist es, die Sichtbarkeit der E-Learning-Aktivitäten an der Universität Kassel nach innen und außen zu erhöhen. Insbesondere soll es eine Orientierungshilfe für Studierende darstellen. Das Label wird in drei Intensitätsstufen vergeben: Enriched, Integrated und Comprehensive E-Learning.

3.2.4. Universität Gießen

An der Justus-Liebig-Universität Gießen wurde 2009 ein E-Learning-Label eingeführt, damit die Studierenden E-Learning-Angebote direkt erkennen und besser nutzen können. Gleichzeitig dient das Label der Weiterentwicklung und Verbesserung von E-Learning-Angeboten der JLU Gießen und damit der Qualitätsentwicklung. Mit dem Label[30] der Universität Gießen soll unter anderem E-Learning als didaktisches Element in der Lehre gestärkt werden.

3.2.5. Ruhr-Universität Bochum

Im Jahr 2011 wurde erstmalig das eLearning-Label an der Ruhr-Universität Bochum eingeführt, dessen Grundlagen gemeinsam mit Workshop-Teilnehmenden des Projektes „Qualitätsoffensive eLearning" erarbeitet wurden. Das eLearning-Label ist ein freiwilliges Angebot für alle Lehrenden der RUB zur Kennzeichnung ihrer online-gestützten Lehrveranstaltungen. Das Label kennzeichnet „guten" eLearning-Standard. Es soll Studierenden bei der Auswahl ihrer Lehrveranstaltungen helfen. Aus Sicht der RUB kann das Label[31] langfristig ein Instrument zur Qualitätsentwicklung und sicherung darstellen, diese erfolgt auf Basis eines Fragebogens (eLearning-Label-Formular[32]).

3.2.6. Donau-Universität Krems

Mit dem E-Learning Label[33] hat die Donau-Universität Krems 2010 als erste Universität in Österreich einen Kriterienkatalog geschaffen, der ihr zur Implementierung, Entwicklung und Evaluation von E-Learning in der Lehre dient. Die Vergabe des Labels erfolgt durch das E-Learning Center ge-

---

29 http://www.uni-kassel.de/einrichtungen/servicecenter-lehre/educampus/e-learning-label.html

30 http://www.uni-giessen.de/cms/fbz/svc/hrz/org/mitarb/abt/2/el/label

31 http://www.rubel.rub.de/elearning_label

32 http://www.el.rub.de/elabel_formular/elabel_formular.php

33 http://www.donau-uni.ac.at/de/service/elearning/label/index.php

< fnm >

meinsam mit der Stabsstelle für Qualitätsmanagement und Lehrentwicklung. Lehrgänge der DUK werden mit einem E-Learning Label gekennzeichnet, sofern bildungstechnologische Ressourcen und Prozesse ergänzend zum Präsenzunterricht zum Einsatz kommen. Die Kennzeichnung dient sowohl der externen als auch der internen Kommunikation. Studierende und andere Stakeholder sollen anhand der Kennzeichnung erkennen können, ob bzw. in welchem Ausmaß Lehrgänge E-Learning enthalten. Innerhalb der DUK soll auf Basis der freiwilligen Kennzeichnung eine einheitliche Terminologie und Vergleichbarkeit geschaffen und ein Beitrag zur Lehrentwicklung geleistet werden.

3.3. Vergleich von Zertifizierungsverfahren

Vergleichende Analysen wurden die externen und internen Zertifizierungsverfahren betreffend, die bei nachstehenden Institutionen zum Einsatz kommen, durchgeführt. Daraus wurden relevante Merkmale und Erkenntnisse für die Entwicklung von eLQe abgeleitet. Die vergleichenden Betrachtungen wurden anhand der nachfolgenden sieben Indikatoren durchgeführt.

1. *Zielsetzung* – Worin besteht die Zielsetzung des Verfahrens?
2. *Adressatinnen/Adressaten* – An wen richtet sich das Verfahren?
3. *Zielgruppe/Befragte* – Wer sind die Befragten?
4. *Umsetzungsform* – Wie erfolgt der Prozess?
5. *Evaluationskriterien* – Welches sind die angelegten Evaluationskriterien?
6. *Ergebnis und Konsequenz für eLQe* – Welche Erkenntnisse können für das Projekt gewonnen werden?
7. *Tools* – Welche Evaluationswerkzeuge kommen zum Einsatz?

3.3.1. EFQUEL

3.3.1.1. Zielsetzung

Ein Qualitätsrahmen, um die Zertifizierung von E-Learning-Programmen oder Kursen möglich zu machen. (E-Learning bedeutet mindestens 20 % technologiegestütztes Lernen.)

3.3.1.2. Adressatinnen/Adressaten

Die Zertifizierung richtet sich an Capacity-Building-Institutionen und ihre Partner/innen, um Anerkennung und Qualitätssicherung intern und extern möglich zu machen.

3.3.1.3. Zielgruppe/Befragte

E-Learning-Verantwortliche

< fnm >

3.3.1.4. Umsetzungsform

Self-Assessment (Online-Formular oder PDF) und Peer Review
und eine Charter für Quality Improvement sowie eine Guideline für Reviewer/innen

3.3.1.5. Evaluationskriterien

Kriterien, die überprüft werden können, sind:

A   Information about & Organization of Programme

B   Target Audience Orientation

C   Quality of Content

D   Programme / Course Design

E   Media Design

F   Technology

G   Evaluation & Review

53 Fragen gesamt. Siehe EFQUEL *OpenECBCheck*-Kriterienrahmen[34]

3.3.1.6. Ergebnis und Konsequenzen für eLQe

- Ein ausgefülltes PDF- bzw. online-Formular
- sonstiges Ergebnis nicht nachvollziehbar (keine Referenzen)

3.3.1.7. Tools

Webformular ECB-Check[35]

3.3.2. epprobate

3.3.2.1. Zielsetzung

epprobate ist ein auf E-Learning-Kurscontent und weniger auf Lernprozesse ausgerichtetes Qua-
litätslabel. Das Angebot ist zumindest teilkommerziell. Es soll ein Pool von Reviewerinnen und
Reviewern aufgebaut werden, der Kursangebote bewertet.

3.3.2.2. Adressatinnen/Adressaten

epprobate richtet sich an alle Anbieter/innen von E-Learning, die ein internationales Qualitätssiegel
für ihren Content benötigen. Gleichzeitig sieht es sich selbst komplementär zu Angeboten, die E-
Learning-Prozesse betrachten. Das Gebührenmodell lässt vermuten, dass sich epprobate eher an

---

34 http://cdn.efquel.org/wp-content/uploads/2012/03/ECBCheck_Presentation_EN.pdf?a6409c

35 http://ecbcheck.efquel.org/tool/

< fnm >

kommerzielle E-Learning-Anbieter/innen richtet. Allerdings sind in den Informationen zur Organisation kaum Informationen über die tatsächliche Höhe der Gebühren zu finden.

3.3.2.3. Zielgruppe/Befragte

Wird nicht genau spezifiziert. Vermutlich werden Kursverantwortliche befragt, die den Reviewerinnen und Reviewern Zugang zum Lerncontent eröffnen können und eine Selbsteinschätzung (siehe Punkt Umsetzungsform) zum Content abgeben können.

3.3.2.4. Umsetzungsform

Die Umsetzung eines epprobate-Evaluierungsprozesses erfolgt durch ein individuelles Review des Kurses durch eine fachlich, pädagogisch und technisch versierte Person. Die Reviewer/innen müssen zuvor einen sechswöchigen epprobate-Review-Kurs absolviert haben, um für die Aufgabe in Frage zu kommen. Im ersten Schritt wird ein Kurz-Assessment des Kurses durchgeführt, das den Aufwand der Evaluation ermittelt und zu einem Angebot durch epprobate führt. Nach der Zahlung der Gebühr soll die/der Kursverantwortliche des zu evaluierenden Anbieters eine Selbsteinschätzung zum Kurs abgeben, die die Grundlage des weiteren Bewertungsprozesses darstellt.

3.3.2.5. Evaluationskriterien

Die Reviewerir oder dee Reviewer untersuchn dann das Kursangebot nach elf Kriterien in vier thematischen Blöcken, die hier kurzfangeführt werden:

Kursdesign
1. Bereitstellung von Kursinformationen, Lernzielen und didaktischer Führung
2. Konstruktive Ausrichtung

Pädagogik
3. Bedürfnisse der Lernenden
4. Personalisierung
5. Didaktische Strategien

Medien-Design
6. Medien-Integration
7. Navigation und Ergonomie
8. Interoperabilität und technologische Standards

Inhalt
9. Genauigkeit und Werte von Inhalten
10. Rechte an geistigem Eigentum und Open Educational Resources
11. Andere rechtliche Fragen

< fnm >

Die Reviewer/innen erarbeiten auf der Basis dieser Kriterien einen Report, der dann in einem Online-Meeting spezifiziert wird. Die/Der Kursverantwortliche kann in diesem Online-Meeting weitere Informationen und Erläuterungen zum Kursangebot beisteuern. Der Report wird anschließend noch einmal überarbeitet und ein internationales epprobate Award-Panel entscheidet, ob der Kurs das epprobate Label erhalten kann gemäß dem *epprobate Qualitätsraster*[36].

3.3.2.6. Ergebnis und Konsequenz für eLQe

Das Ergebnis des Evaluationsprozesses ist ein „Peer Review-Report", der auf der Basis des Evaluationsrasters eine Einschätzung der Qualität der Courseware liefert. Ein Beispiel eines Reports konnte leider nicht eingesehen werden, die Offenheit der Kriterien legt aber nahe, dass es sich um ein weitgehend beschreibendes, wenig quantitativ evaluierendes Ergebnis handelt.

- Die inhaltliche Aufteilung für die Content-Analyse scheint sinnvoll.
- Der Evaluierungsaufwand scheint hoch.
- Die Evaluierung ist sehr stark subjektiv geprägt.
- Die Kriterien sind für eLQe nicht ausreichend operationalisiert.

3.3.2.7. Tools

Qualitätsraster-Formular

3.3.3. EADTU QA

3.3.3.1. Zielsetzung

Ziel ist es, eine E-Learning-Benchmarking-Community aufzubauen – „associates in quality". Eine Community, die sich um die Verbesserung der E-Learning-Performance kümmert und virtuell auf einer Plattform Erfahrungen austauscht. Die Verbesserung von vier Elementen der „progressive higher education (universities)" – *accessibility*, *flexibility*, *interactiveness* und *personalization* – wird angestrebt.

Benchmarking dient als Werkzeug zur Verbesserung, man will keinen neuen Standard entwickeln. Das Label bekommen Institute/Fakultäten/Programme an Unis und FHs. Möglicherweise werden auch Kurse evaluiert. (Am 12. April 2012 steht „New courses qualified", aber es finden sich keine Informationen dazu.)

3.3.3.2. Adressatinnen/Adressaten

E-Learning an Universitäten und Institutionen höherer Bildung auf dem Level von Instituten und Fakultäten. (Bisher: Moskau State Uni of Economics; Distance Uni in Spanien; Uninettuno Italien; Open Uni Niederlande; Fachhochschule Schweiz; Programm an der Lund Universität Schweden)

---

36 http://epprobate.com/index.php/de/epprobate-quality-grid

< fnm >

3.3.3.3. Zielgruppe/Befragte

Universitätspersonal, E-Learning-Verantwortliche

3.3.3.4. Umsetzungsform

1) Selbstevaluation für Unis/Fakultäten
2) Externe Evaluation durch E-Learning-Expertinnen und -experten (dann bekommt die Institution das „E-xcellence Associates"-Label)
3) Follow-up-Benchmarking (alle 3 Jahre), um kontinuierliche QA zu sichern

optional

4) Beitreten zur Virtual-Benchmarking-Community

PDF-Dokument zur Selbstevaluierung plus Review-Team

Drei Levels:

a) Quick-Scan (PDF-Dokument) plus
b) Einsenden von Dokumenten, die dann von Reviewerinnen/Reviewern reflektiert werden → Label plus
c) On-site Assessment

3.3.3.5. Evaluationskriterien

Insgesamt 33 Fragen zu: Strategic Management (6); Curriculum Design (4); Course Design (7); Course Delivery (7); Staff Support (4); Student Support (5);

Aussagen über E-Learning, bei denen man *not adequate, partially adequate, largely adequate, fully adequate* auswählen und in einem Textfeld Kommentare oder Referenzen ergänzen kann. Leicht handzuhaben, gute kurze Erklärungen zu jedem Abschnitt, kurzer Fragebogen

E-excellence Quickscan[37]

3.3.3.6. Ergebnis und Konsequenz für eLQUE

Gute Vorlage, angenehm leicht zum Ausfüllen für Uni-Mitarbeiter/innen. Die Aussagen sind ganz interessant, aber vielleicht zu wenig tiefgängig und konkret.

3.3.3.7. Tools

Für die Selbstevaluation gibt es einen Online-Fragebogen „Quickscan" mit automatisiertem Feedback.

---

37 http://www.eadtu.nl/e-xcellencelabel/files/eadtu_e-xcellence_quickscan.pdf

< fnm >

3.3.4. EFMD CEL

3.3.4.1. Zielsetzung

EFMD CEL will den Standard von E-Learning-Programmen und -Produkten weltweit durch Benchmarking, gemeinsames Lernen und die Verbreitung von Good Practice bei der Konzeption solcher Programme verbessern.

3.3.4.2. Adressatinnen/Adressaten

EFMD CEL richtet sich an „Educational Management Programme", die einen E-Learning-Anteil von mindestens 20 % haben.

3.3.4.3. Zielgruppe/Befragte

Programm-Manager/innen von Educational Management Programmen führen im Rahmen von EFMD CEL eine Selbstevaluierung durch, vor allem werden aber auch Studierende befragt.

3.3.4.4. Umsetzungsform

EFMD CEL ist ein komplexer Evaluierungsprozess: In der Anmeldephase muss der Antrag auf Akkreditierung begründet werden. Er kann abgelehnt werden. Dann kann das Programm frühestens nach drei Jahren wieder einen Antrag stellen. In einer Selbstevaluierungsphase beantwortet das Programm-Management einen Fragenkatalog, der in der nächsten Phase ein Review durchläuft. Fällt dieses Review positiv aus, vereinbaren die Auditorinnen/Auditoren ein „Audit-Visit" bei der Institution. Parallel werden Student Interviews durchgeführt. Das Audit-Team stellt einen Report zusammen. Das Programm-Management muss sich zur Durchführung von Optimierungsschritten verpflichten. Daraufhin tagt der „Awarding Body", der das Programm akkreditiert (oder auch nicht). Eine Akkreditierung ist gültig für drei Jahre. Die Kosten für den EFMD-CEL-Prozess betragen knapp 20.000 EUR.

3.3.4.5. Evaluationskriterien

Die Kriterien sind in sechs Dimensionen unterteilt:

- Programm
- Pädagogik
- Wirtschaftlichkeit
- Technologie
- Organisation
- Kultur

< fnm >

Innerhalb dieser Dimensionen werden die Kriterien unterschiedlich erfasst (Self-Assessment, Interviews mit Studierenden, Audit-Visit). Sie müssen zusätzlich durch Indikatoren wie z. B. Strategie-Dokumente des zu evaluierenden Programms erfasst werden. Hier eine Übersicht über die wichtigsten Indikatoren der sechs Dimensionen:

Programm
- Gesamtlernziel ist definiert.
- Zielgruppe ist definiert.
- Mitarbeiter/innen sind qualifiziert.
- Studierende sind ausreichend informiert.

Pädagogik
- Lernziele sind ausreichend definiert.
- Der Einsatz von Lern-IT ist durch pädagogischen Nutzen begründet.
- Die Programmstruktur erlaubt eine Methodenvielfalt.
- Die Interaktion von Studierenden untereinander und mit Lehrenden/Expertinnen/Experten ist integraler Programmbestandteil.
- E-Learning-Content ist integriert in das Curriculum und in das Assessment der Teilnehmenden.
- Es liegen Guidelines/Prinzipien für die Kursentwicklung und den Einsatz von Inhalten von Drittanbietenden vor.
- Die Inhalte sind qualitätsgesichert durch Review.
- Konstruktives und produktives Feedback wird angeboten.
- Nachvollziehbare Beziehung zwischen Lernzielen, Aufgaben und Assessments
- Assessments nach professionellen Standards der Wirtschaftlichkeit
- Für das Programm erforderliche Standards werden bereitgestellt.
- Eine Balance zwischen Programmdurchführung und Weiterentwicklung ist gegeben.

Technologie
- Technologien werden auf der Basis ihrer pädagogischen Notwendigkeit und Nützlichkeit ausgewählt.
- Eine IT-Strategie liegt vor, in der die IT-Prozesse, IT-Weiterentwicklung und der IT-Support definiert werden.
- Ein ausreichendes Service Level und Uptime wird gewährleistet.
- Die eingesetzte IT folgt „Good Practices".

Organisation

- Infrastruktur und Support sind verfügbar.
- Eine Kompetenzentwicklungsstrategie für ICT-Mitarbeiter/innen ist vorhanden.
- Die Prozesse für die Programmimplementierung sind transparent.
- Eine kontinuierliche Programmverbesserungsstrategie ist vorhanden.
- Die Institution ist offen für kritische Rückmeldungen von Studierenden.

Kultur

- Die Erwartungen an Studierende und Mitarbeiter/innen sind offengelegt.
- Die Philosophie für Wandel, Innovation und Kooperation EL betreffend ist offengelegt.
- Fragen wie Workload, Vergütung, intellectual property bezogen auf EL sind geklärt.
- Das Management bekennt sich zum EL-Programm und dessen Zielen.

Links zu den EFMD-Kriterien, Indikatoren[38] und zum Qualitätskriterienüberblick[39]

3.3.4.6. Ergebnis und Konsequenz für eLQe

Geeignet für die universitäre Evaluation

3.3.4.7. Tools

Formular

3.3.5. D-ELAN QPL

3.3.5.1. Zielsetzung

QPL ist ein praxisorientiertes Instrument zur Qualitätsentwicklung in der Bildungsbranche, um die Beurteilung von Qualität von Bildungsangeboten – Produkte und Prozesse – und Bildungsinstitutionen einfacher und transparenter zu machen. Es dient auch als Hilfestellung beim Angebotsvergleich für Endkundinnen und -kunden und Anbieter/innen.

3.3.5.2. Adressatinnen/Adressaten

Alle Bildungsanbieter/innen, z. B. Schulen, Universitäten oder Unternehmen

3.3.5.3. Zielgruppe/Befragte

Bildungsanbieter/innen, Kundinnen/Kunden, Interessierte

---

38 http://www.efmd.org/images/stories/efmd/downloadables/Criteria-Indicators-Standards.pdf
39 http://www.efmd.org/images/stories/efmd/downloadables/Quality_Criteria_Overview.pdf

< fnm >

3.3.5.4. Umsetzungsform

Der Zertifizierungsablauf umfasst vier Schritte:

1. Anmeldung
   Kick-off-Workshop (Zieldefinition, Vorgehen abstimmen, Zielsetzungen und Leistungs-anforderungen klären, Ansprechpartner/innen benennen, Termine festlegen)

2. Selbstüberprüfung
   dazu sind Leitfäden bereitgestellt (optional mit Workshop begleitet)

3. Begutachtung und Audit
   Durchsicht der Selbstüberprüfung, Defizite identifizieren, eventuelles Nachbessern, Auf-stellung eines Nachbesserungskataloges (Besprechung in mind. einem Workshop)

4. Zertifizierung
   Dokumentation der Nachbesserung, Ausstellung des Qualitätssiegels

3.3.5.5. Evaluationskriterien

Vier Instrumente zur Beschreibung, Bewertung und Zertifizierung sind in den entwickelten Krite-rien integriert:

1. ISO/IEC 19796-1 (prozessorientiert)
2. Leitfaden für die Begutachtung von Fernlehrgängen (produktorientiert; ZfU und BIBB)
3. Qualitätssiegel E-Learning QSEL (produktorientiert)
4. TUD-Gütesiegel (produktorientiert)

Evaluiert werden Bildungsangebote und Organisation (in zwei Stufen)

A: Qualität von Bildungsangeboten

- Informationen zum Bildungsangebot
- Zielgruppen und Lernziele
- Aufbau des Bildungsangebotes
- Inhalt
- Didaktik
- Medien (digitale und Printmedien)
- Kommunikation/Zusammenarbeit
- Rollen/Aktivitäten
- Aufgaben/Lernerfolgskontrollen/Prüfungen
- Technik
- Evaluation

B: Qualität von Organisationen – Basic

- Prozesse
- Lernenden-Orientierung
- Ergebnisse

C: Qualität von Organisationen – Exzellenz

- Politik und Strategie
- Management
- Ressourcen
- Mitarbeitermanagement
- Innovation
- Außenwirkung

D-ELAN Qualitätsplattform Lernen, ein Instrument zur Qualitätsentwicklung und sicherung in der Bildungsbranche[40]

3.3.5.6. Ergebnis und Konsequenz für eLQe

Zertifikat. Umfangreicher, gut beschriebener Kriterienkatalog. Fundierte Vorlage

3.3.5.7. Tools

Leitfaden Qualitätsplattform Lernen (optional mit Workshop). Formular

3.3.6. SEVAQ+

3.3.6.1. Zielsetzung

Letztes Ziel von SEVAQ+ ist es, Institutionen ein Werkzeug und Konzept zur Entwicklung einer „Quality Culture in Education" zu bieten. Das Fragebogentool von SEVAQ+ bietet Institutionen dazu ein leistungsfähiges Werkzeug für eine umfassende Selbstevaluierung. Im Unterschied zur Selbstevaluierung von Individuen richtet sich SEVAQ nicht an einzelne Personen oder Personengruppen, sondern an alle Stakeholder mit dem Ziel, am Ende eines „shared evaluation process" eine umfassende Gesamtsicht zu bekommen. Neben „Self"-(Evaluation) sind daher auch die Begriffe „shared" und „collective" wichtig, da nur durch Austausch, Vergleich und Analyse mehrerer verschiedener Befragungen eine Gesamtsicht möglich wird.

---

40 http://issuu.com/delan/docs/qpl_qualitaetsplattform_lernen_teil_a

< fnm >

3.3.6.2. Adressatinnen/Adressaten

Alle Stakeholder – von einzelnen Trainerinnen und Trainern und Expertinnen und Experten, die einzelne Kurse evaluieren wollen, bis hin zu großen Organisationen und zur 360°-Evaluierung der gesamten Institution. Entsprechend gibt es mehrere Varianten von SEVAQ+, die sich durch Funktionsumfang und Kosten unterscheiden (von free bis € 1.700,–/Jahr exkl.)

3.3.6.3. Zielgruppe/Befragte

Unter der Vielzahl möglicher Stakeholder werden insbesondere folgende vier Gruppen adressiert:

1. The learners: Lernende als primäre Adressatinnen und Adressaten des Bildungsprozesses
2. Training staff: traditionelle Lehrer/innen, E-Tutorinnen/E-Tutoren, aber auch Peers in kollaborativen Lernsettings, teilweise auch technischer Support (Helpdesk)
3. Content and technology providers: interne, aber auch externe Personen, insofern sie die technischen und inhaltlichen Grundlagen bereitstellen und damit ebenfalls Einfluss auf die Lernqualität haben
4. Management-Team: Entscheidungsträger/innen, insofern sie durch Budget, strategische Vorgaben und Richtlinien den Gestaltungsrahmen der Lernsituation definieren oder zumindest beeinflussen

Konkret auswählbare Adressatinnen/Adressaten:

- Head of Department, Course Director, Teacher, Trainer, Tutor, Student
- Project team staff, ICT provider

3.3.6.4. Umsetzungsform

Der Gesamtprozess verläuft in zwei Zyklen mit je vier Schritten:
Planung, Aktion, Beobachtung und Reflexion. Der erste Zyklus besteht im Wesentlichen aus einer umfassenden Selbstevaluierung, die die Grundlage für weitere Entscheidungen bietet. Der zweite Zyklus wird durch ein Delphi-Konsensverfahren eingeleitet.

SEVAQ+ bietet einen Online-Assistenten zur Erstellung von unterschiedlichen Fragebögen durch geleitete Auswahl von vordefinierten Fragen aus mehreren Kategorien für die verschiedenen Zielgruppen sowie Analysewerkzeuge für die spätere Auswertung.

Auswahlmöglichkeiten bei der Erstellung von Umfragen:
Sprache, Zielgruppe, Umfang (kurze oder lange Befragung), gewünschte Zeitdauer, befragte Themen (z. B. IKT-Unterstützung, Projektmanagement, Kurseffizienz, Lernmotivation etc.); insgesamt 22 Themen mit insgesamt 500 vordefinierten MC-Fragen, Auswahl der konkreten Fragen zu den vorher gewählten Themen.

< fnm >

Der Fragenpool um fasst insgesamt 500 Multiple-Choice-Fragen. Bei Langversion: jeweils vier-stufige Skalen („Stimme gar nicht zu" / „Stimme nicht zu" / „Stimme zu" / „Stimme sehr zu"). Die Bewertung der Bedeutung dieses Kriteriums in ebenfalls vier Stufen („Nicht wichtig" – „Sehr wichtig"). Bei Kurzversion Ja-/Nein-Fragen.

Online-Management-Tools für die Verwaltung der Fragebögen und die Durchführung der Befragungen:

- Verwaltung der Fragebögen; Vorschau, Druckansicht
- Definieren der Adressatinnen/Adressaten; anonyme oder personalisierte Umfragen; Import von Adresslisten, Zeitsteuerung etc.
- Darstellung der Ergebnisse und (je nach Version) Analyse und Benchmarking

3.3.6.5. Evaluationskriterien

500 Fragen zu 22 Themengebieten in drei Gruppen (Anzahl der Fragen in Klammern):

Resources
Information provided (23), eLearning environment (73), The 'face to face' learning environment (15), Learning materials (60)

Processes
Analysis of the demand on an institutional / academic level (13), Analysis of the demand on an institutional level (34), General services offered to the learner (26), Learning activities (72), ICT support (28), Training support (34), Knowledge assessment (17), Respect of contracts (29), Project management (36), Collaboration with external providers (27), Inner quality management (111)

Results
Course efficiency (15), Knowledge increase (12), Performance of learning outcomes (11), Motivation to learn (34), Achievement of business goals (45), Budget (24), Internal results of the team's project (19)

Fragebogenentwicklungstool SEVAQ+[41]

3.3.6.6. Ergebnis und Konsequenz für eLQe

Sehr gutes Beispiel für ein umfangreiches und praxistaugliches Tool. Sowohl die technische Umsetzung wie auch die Kriterien und Evaluierungsfragen können zur Orientierung dienen.

---

41 http://www.sevaq-plus.preau.ccip.fr/php/formateur/index.php

< fnm >

3.3.6.7. Tools

Umfangreiches Online-Tool für (geleitete) Erstellung von Fragebögen und Durchführung der Evaluierungen und Auswertung

3.3.7. Estonian E-Universities e-course quality label[42]

3.3.7.1. Zielsetzung

QA, Harmonisierung der E-Learning-Akitivtäten und eines Levels in den Institutionen der Estonian e-University und des Estonian e-Vet consortium

3.3.7.2. Adressatinnen/Adressaten

Institutionen der Estonian e-University und der Estonian e-Vet consortia und Lehrer/innen und Lehrende an der Estonian e-University und der Estonian e-Vet consortia

3.3.7.3. Zielgruppe/Befragte

Lehrer/innen und Lehrende an der Estonian e-University und der Estonian e-Vet consortia

3.3.7.4. Umsetzungsform

Jährlicher Call, sich um ein Zertifikat zu bemühen (wird dann bei einem Event vergeben)

Drei Stufen der Evaluierung:

- Selbstevaluierung (Online-Formular)
- Evaluierung durch die Institution (durch die/den Head of Department, unterschrieben von der/dem direkten Vorgesetzten der/des Antragsstellenden)
- Evaluierung durch ein Expertenpanel anhand strikter Richtlinien

3.3.7.5. Evaluationskriterien

Online-Formular: Antwortmöglichkeiten sind nein/no, teilweise/partially, sehr stark/greatly, komplett/fully. Am Ende jeder Kriteriengruppe gibt es die Möglichkeit zu kommentieren.

Bedarfsanalyse, Zielgruppe und Kontext
- Der Kurs deckt sich mit dem Bedarf und dem Können der Zielgruppe.
- Der Kurs hat definierte Ziele und lernendenzentrierte Lernergebnisse.
- Der Gebrauch des E-learning-Formats innerhalb des Kurses ist gerechtfertigt.
- Der Kursinhalt deckt sich mit den Lernergebnissen und berücksichtigt den Kontext von E-Learning.

---

42 http://www.e-ope.ee/en/quality/process

< fnm >

Planung des Lernprozesses

- Der Kurs Syllabus basiert auf den Anforderungen der Lehrinstitution.
- Vorabwissen und Können, um im Kurs teilzunehmen, ist klar vorgegeben.
- Lernaktivitäten und Bewertungskriterien decken sich mit den Lernergebnissen.
- Die Prinzipien der Bewertung und des Feedbacks werden den Lernenden mitgeteilt.
- Kursmaterialien und Aktivitäten sind im Einklang mit dem Kursumfang.
- Die Bildung von „study skills" wird unterstützt. (Lernende werden angeleitet zur Reflexion, Verbesserung von Zeitmanagement-Fähigkeiten etc.)
- Technische Ressourcen unterstützen das Erreichen der Lernziele.
- In der Planungsphase ist der Kurs so beschrieben, dass der Lernprozess in einer Online-Lernumgebung kohärent ist.

Kursentwicklung

- Der Kurs ist gut strukturiert und einfach zu benutzen.
- Angemessene Medien, die den Lernergebnissen entsprechen, werden verwendet, um die Materialien zu vermitteln (z. B. Text, Bilder, Animationen, Audio, Video etc.).
- Lernmaterialen werden anhand einer guten Methode zur Entwicklung von Inhalt produziert.
- Die Vermittlungsart der Materialen nimmt Rücksicht auf die Bedürfnisse und technischen Grenzen der Lernenden.
- Weiterführende Online-Literatur ist mit Referenzen versehen und frei verfügbar.
- Der Studienleitfaden ist detailliert und komplett und inkludiert im Falle von teilweise Online-Kursen einen Überblick über die Face-to-Face-Sessions.
- Die Verwendung der Lernumgebung macht keine zusätzlichen Kosten für Extra-Software nötig.
- Der Kurs ist vor dem echten Lernprozess getestet worden.
- Der Kurs ist technisch voll funktionsfähig (Links funktionieren, nötige Anmeldungen laufen etc.).

Implementation des Kurses

- Die/der Kursverantwortliche nimmt verschiedene Rollen ein (technisch, organisatorisch, sozial, pädagogisch) oder verfügt über zusätzliche Assistenz.
- Der geplante Ablaufplan wird in der Kursimplementation eingehalten.
- Die aktive Teilnahme der/des Lernenden im Lernprozess wird unterstützt (gegenseitige Kommunikation, Bildung von Studiengemeinschaften etc.).
- Lernende erhalten Feedback zu ihren Stärken und Schwächen während des Kurses und im generellen Prozess.
- Lernende werden über das Bewertungssystem informiert und die Prinzipien, wie diese Information kommuniziert wird.

< fnm >

Kursevaluation

■ Während des Kurses werden Notizen gemacht, um den Kurs für die Zukunft zu verbessern.

■ Es gibt eine Kursevaluation (Feedbacksystem) durch die Lernenden, um den Kurs zu verbessern.

3.3.7.6. Ergebnis und Konsequenz für eLQe

Interessant, weil sich dieses Label eindeutig an Universitäten und Institutionen richtet. Kriterien sind angenehm „tief" aufgearbeitet, wobei sich die Frage stellt, wie sich manche Antworten beweisen lassen, da manche Themen nur oberflächlich angesprochen werden. Ob die Unterschrift der/des Vorgesetzten eine ausreichende Objektivität herstellt, ist fraglich.

Bemerkenswert ist die finanzielle Unterstützung, die die beiden besten Projekte bekommen, aber nur, wenn sich zwei Projekte finden, die laut Estonian e-Learning development centers auch den Kriterien entsprechen.

3.3.7.7. Tools

Online-Formular

3.3.8. Caucasus elearning Network

3.3.8.1. Zielsetzung

Einführung und Erhalt von gemeinsamen Qualitätsstandards für E-Learning-Angebote

3.3.8.2. Adressatinnen/Adressaten

Mitarbeiter/innen der E-Learning-Teams der beteiligten Universitäten und Bildungsanbieter/innen in Armenien, Aserbaidschan und Georgien

3.3.8.3. Zielgruppe/Befragte

wie Adressatinnen/Adressaten

3.3.8.4. Umsetzungsform

Ausführliche Qualitätsdefinitionen und Kriterienkatalog für neun verschiedene Bereiche. Der Evaluierungsprozess kann als Selbstanalyse oder als Peer-Review-Prozess durchgeführt werden. Letzteres wird empfohlen.

< fnm >

3.3.8.5. Evaluationskriterien

Es werden folgende Bereiche anhand von mehr als 150 in Frageform formulierten Einzelkriterien untersucht:

- Workflow
- Concept
- Technology / LMS / Environment
- Content
- Implementation / Delivery
- Support
- Assessment / Evaluation
- Institutional Development
- Staff Development

3.3.8.6. Ergebnis und Konsequenz für eLQe

Die Analyse der Angebote soll zu einer Qualitätssteigerung in den E-Learning-Angeboten führen. Die Kriterienliste kann für eLQe bedeutsame Fragestellungen enthalten. Auch sind die institutionelle und die personelle Perspektive (Institutional Development und Staff Development) Qualitätsindikatoren, die in vielen Frameworks zu kurz kommen.

3.3.8.7. Tools

Checklisten-Fragebogen (analog)

3.3.9. Naace

3.3.9.1. Zielsetzung

Qualitätssicherung im Bereich der Ausstattung mit und Nutzung von ICT an Schulen sowie Benchmarking und (optional) Zertifizierung. Vorteile für Schulen:

- Selbstevaluierung als Grundlage für weitere Entwicklung
- Vergleich mit anderen Schulen
- Imagegewinn durch Zertifikat

3.3.9.2. Adressatinnen/Adressaten

Schulen in England (ICT-Mark) und weltweit (ITEM)

< fnm >

3.3.9.3. Zielgruppe/Befragte

Schulleitung und Lehrerkollegium: ein Fragebogen für die Schule als Ganzes (keine Einzelbefragungen)

3.3.9.4. Umsetzungsform

Zwei Schritte:

1. Selbstevaluierung der Schule mittels umfangreichem Fragebogen (Self-rewiew-Framework – SRF) auf Papier oder online
2. Zertifizierung

Nach der Selbstevaluierung kann ab einem gewissen Level (ab vierter von fünf Stufen) eine Zertifizierung beantragt werden.

Eine Assessorin bzw. ein Assessor besucht die Schule: Rundgang, Interviews mit Lehrerinnen und Lehrern, Schülerinnen und Schülern, Gespräche mit Schulleitung, Besprechung des Fragebogens etc.

Das Zertifikat gilt drei Jahre und kann/muss dann erneuert werden.

3.3.9.5. Evaluationskriterien

57 Kriterien zu 13 Themen in sechs Bereichen (Anzahl der Kriterien in Klammern)

1. Leadership und Management
   ICT and the school vision (2), A strategy to achieve the vision (6), Strategic use of data (4)
2. Curriculum Planning
   Whole-school planning for ICT (7), Curriculum leadership (4)
3. Teaching and Learning
   Teaching and the learning process (5), Pupils' learning experiences (8)
4. Assessment of ICT Capability
   Assessment of ICT Capability (4)
5. Professional Development
   Planning for Professional Development (2), Implementation (3), Review (2)
6. Resources
   Provision (6), Management of ICT resources (4)

Zu jedem Kriterium gibt es fünf Qualitätsstufen (= ausformulierte Statements). Die Schule entscheidet sich für das zutreffendste Statement zu jedem der 57 Kriterien. Kern ist das Self-review-Framework (SRF)[43]

---

43 http://webarchive.nationalarchives.gov.uk/20101102103713/https:/selfreview.becta.org.uk/about_this_framework

< fnm >

3.3.9.6. Ergebnis und Konsequenz für eLQe

Sehr guter Fragebogen, vor allem das Konzept der Selbsteinschätzung auf Basis von Kompetenzniveaus. → Erleichtert das Ausfüllen, ist konkreter und das Ergebnis ist als Kompetenzraster darstellbar, allerdings nur auf den IKT-Bereich beschränkt.

3.3.9.7. Tools

Der Fragebogen ist als DOC und PDF (16 Seiten) zum Download kostenlos verfügbar, die Online-Version nur gegen Registrierung und Gebühr.

3.3.10. eLSA

3.3.10.1. Zielsetzung

eLSA ist ein Projekt, dessen Ziel es ist, mithilfe digitaler Medien nachhaltig den Unterricht einer ganzen Schule zugunsten einer modernen Lehr- und Lernkultur zu verändern. eLSA bietet eine Zertifizierungsorientierungshilfe.

3.3.10.2. Adressatinnen/Adressaten

Schulen der 1. Sekundarstufe

3.3.10.3. Zielgruppe/Befragte

Schulleitung und Lehrpersonal. eLSA-Schulkoordinatorinnen/ koordinatoren

3.3.10.4. Umsetzungsform

Beantragung bei eLSA-Schulkoordinatorinnen/ koordinatoren. Vorbesprechung mit eLSA-Landeskoordinator/in. SWOT-Analyse als interne Vorbereitung. Auditprozess mit externen Expertinnen und Experten an der Schule

3.3.10.5. Evaluationskriterien

Acht Ziele:

1. Jede Schülerin/jeder Schüler konnte „eLearning-Sequenzen" im Unterricht ausprobieren.
2. Alle Lehrenden haben Erfahrungen mit eLearning-Sequenzen im eigenen Fach gesammelt und diese Erfahrungen allen Kolleginnen/Kollegen zur Verfügung gestellt.
3. Die Fachgruppen- und Klassenlehrer/innen-Teams erproben gemeinsam und aufeinander abgestimmt die Chancen, Möglichkeiten und Grenzen von E-Learning im Unterricht.

< fnm >

4. Die Modellschulen entwickeln miteinander konkrete Modelle zur Erprobung von eLearning-Sequenzen im Unterricht und stellen ihre Erfahrungen allen zur Verfügung.

5. Das Schulprogramm (kurz- und mittelfristige Schulziele und Umsetzungsmaßnahmen) bezieht die Erkenntnisse über E-Learning laufend in die Gestaltung des Schulalltags ein.

6. Der Schulleitung ist die Erprobung von E-Learning im Unterricht ein wichtiges Anliegen. Das Projekt hat hohe Priorität im Schulalltag.

7. Es gibt eine Steuerungsgruppe, die die E-Learning-Contententwicklungen und Erprobungen im Unterricht koordiniert und aufeinander abstimmt und für den Projektfortschritt sorgt.

8. Mindestens ein Angebot von zusätzlichen freiwillig erreichbaren Abschlüssen/Zertifikaten mit externer Qualifikation im IT oder E-Learning-Bereich

3.3.10.6. Ergebnis und Konsequenz für eLQe

eLSA-Zertifikat des bm:ukk. Zertifizierte eLSA-Schule. Richtet sich nur an Schulen. Grundsätzlich aber als simples Modell für ressourcenschonende institutionelle Zertifizierung geeignet

3.3.10.7. Tools

Formular bzw. Freitext

3.3.11. Technische Universität Darmstadt

3.3.11.1. Zielsetzung

Ziel ist die Verbesserung der Lehre. Das Label dient als Qualitätsmaßstab zur Sicherstellung pädagogisch-didaktischer Qualität bei Einbindung von IKT in Curricula.

3.3.11.2. Adressatinnen/Adressaten

Lehrkräfte der TUD

3.3.11.3. Zielgruppe/Befragte

Lehrende und Studierende

3.3.11.4. Umsetzungsform

Zwei Schritte

1. Dozierenden-Perspektive (Input-Qualität Lehrveranstaltungskonzept):
vor Semesterbeginn Überprüfung mittels Fragebogen (6 von 11 Kriterien), dann Label-Vergabe, Kennzeichnung im Vorlesungsverzeichnis als „E-Learning-Veranstaltung"

< fnm >

2. Studierenden-Perspektive (Throughput-Qualität Lehrveranstaltungsumsetzung): nach Abschluss der Veranstaltung Überprüfung mittels Evaluation durch Studierenden-befragung. Nur bei positivem Ergebnis behält LV das Label. Bei negativem Ergebnis erfolgt ein Gespräch mit dem E-Learning Center.

3.3.11.5. Evaluationskriterien

Elf Kernkriterien (mit 31 Unterkriterien), mindestens sechs Kernkriterien müssen für eine positive Evaluation erfüllt sein.

1. Bereitstellung und Klärung von Lehr-/Lernvoraussetzungen
2. Differenzierung von Lehr- und Lernzielen
3. Wahlmöglichkeiten der Lehr-/Lernwege; unterschiedliche soziale Lernformen (Einzel-od. Gruppenarbeit) und didaktische Methoden
4. Förderung von Interaktion und Kommunikation; Lehrmaterial mitgestalten, ergänzen, gemeinsam erstellen
5. Förderung selbständigen Lernens; Aufbau von Selbstlern- und Medienkompetenzen (Nutzung, Bedienung, Anwendung und Gestaltung von ELA), Verantwortungsübernah-me für Lernprozesse und -ergebnisse
6. Lehrevaluation und Lernzielkontrolle; Studierendenbefragung zur LV; E-Learning-ba-sierte Prüfungs- und Leistungskontrollen
7. Vielfalt medialer Darstellungsangebote; multicodale und multimodale Darbietung von Inhalten
8. Örtliche und zeitliche Flexibilität; unabhängiger Zugriff auf Lehr-/Lernmaterial
9. Beratung und Betreuung; Information über technische Bedienung und Einsatz des ELA im Rahmen der LV
10. Aufnahme neuer Inhalte; durch IuK-Technik, Simulationen, virtuelle Experimente/Ex-kursionen
11. Neustrukturierung von Lehrinhalten; Transformation traditioneller Lernszenarien in E-Learning-Szenarien, neue didaktische Aufarbeitung (z. B. Animation, Simulation)

3.3.11.6. Ergebnis und Konsequenz für eLQe

Kennzeichnung im Vorlesungsverzeichnis als „E-Learning-Veranstaltung"

einfacher Prozess, durchdachte Kriterien, zugeschnitten für typische Universitäten

3.3.11.7. Tools

Formular

< fnm >

3.3.12. Goethe-Universität Frankfurt

3.3.12.1. Zielsetzung

Ziel ist die Kennzeichnung von Veranstaltungen mit IKT-Einsatz im elektronischen LV-Verzeichnis

3.3.12.2. Adressatinnen/Adressaten

Lehrkräfte der Goethe-Universität Frankfurt

3.3.12.3. Zielgruppe/Befragte

Lehrkräfte, Studierende

3.3.12.4. Umsetzungsform

Drei Schritte

1. Ausfüllen eines Formulars
2. Einreichung an UNIvIS-Beauftragte/n des Institutes
3. Kennzeichnung in Veranstaltungsübersicht

Anschließende Befragung der Studierenden im Rahmen der allgemeinen LV-Evaluation. Nach Absprache Fragebögen an Studierende

3.3.12.5. Evaluationskriterien

eLearning Enrichment

Im Label eEnrichment dient der Medieneinsatz vorrangig der netzbasierten Begleitung der Veranstaltung durch die Online-Bereitstellung von Folien, Skripten, Handouts oder einem virtuellen Semesterapparat etc.

Bereitstellung von Skripten, Arbeitsblättern, Folien, Filmen, Sounds, Animationen, virtuellen Semesterapparaten, Handouts

eLearning basic

Im eLearning-Label Basic und eLearning-Label Intensive kommen „echte" E-Learning-Elemente wie Online-Übungen, Selbsttests und Animationen zum Einsatz. Die Abstufung Basic und Intensive dokumentiert die Intensität des Medieneinsatzes. Sobald eine der Formen der Mediennutzung regelmäßig erfolgt (mindestens 70 % Nutzung), ist das eLearning-Label Intensive auszuweisen.

„Gelegentlicher" Einsatz von E-Learning-Elementen = in mind. 15 % der Lehrveranstaltungen

< fnm >

Einsatz von Online-Übungen, Online-Selbsttests, Online-Selbstlerneinheiten, Online-Simulationen, Online-Prüfungen/Testaten, Einsatz diskursiver/netzbasierter Lernformen, Foren, Chats, Videokonferenzen, kooperative/netzbasierte Erstellung von Texten, Pod- und Videocasts, multimediale Materialen

eLearning-Label Intensive
„Regelmäßiger" Einsatz von E-Learning-Elementen = zu mind. 70 %.

Ansonsten mit Stufe 2 deckungsgleicher Medieneinsatz

3.3.12.6. Ergebnis und Konsequenz für eLQe

Dreistufiges Label

- eLearning Enrichment
- eLearning-Label Basic
- eLearning-Label Intensive

Kriterien auch geeignet für Lehrveranstaltungsevaluation für Uni

3.3.12.7. Tools

Formular

3.3.13. Universität Kassel

3.3.13.1. Zielsetzung

Ziel ist, die Sichtbarkeit der E-Learning-Aktivitäten nach innen und nach außen zu erhöhen.

3.3.13.2. Adressatinnen/Adressaten

Lehrkräfte

3.3.13.3. Zielgruppe/Befragte

Lehrkräfte

3.3.13.4. Umsetzungsform

Die Vergabe erfolgt durch das Servicecenter Lehre nach einem mit der Multimediakommission abgestimmten Kriterienkatalog. Während des ganzen Semesters können online Formularanträge auf die einzelnen Labels gestellt werden.

< fnm >

3.3.13.5. Evaluationskriterien

Enriched E-Learning

Ergänzend zur gesamten Lehrveranstaltung werden regelmäßig Materialien in digitaler Form zur Verfügung gestellt, mit denen die Studierenden selbständig die Inhalte wiederholen bzw. vertiefen können, wie z. B. Skripte, Arbeitsblätter, Folien, Filme, Sounds, Animationen, virtuelle Semesterapparate, Linklisten, Vorlesungsaufzeichnungen.

Regelmäßiges Angebot digitaler Materialien zur selbständigen Wiederholung und Vertiefung der Lehrinhalte

- Skripten – Arbeitsblätter
- Folien
- Filme – Sounds – Animationen
- virtuelle Semesterapparate
- Linklisten
- Vorlesungsaufzeichnungen

Integrated E-Learning

Dieses Label wird vergeben, wenn das E-Learning-Angebot integraler Bestandteil der Lehrveranstaltung ist, d. h.: Die Lernziele der Lehrveranstaltung sind durch die Nutzung des Angebotes deutlich besser zu erreichen. Mindestens eines der folgenden Ziele sollte das E-Learning-Angebot verfolgen:

Unterstützung des Lernprozesses durch Online-Betreuung der Studierenden über

- moderierte Foren oder Wikis,
- Online-Gruppenarbeit oder
- Online-Tutorien.

Erleichterung des Lernprozesses durch verständlichere/anschaulichere Darstellung der Lerninhalte über

- Animationen, die abstrakte, komplexe und/oder dynamische Zusammenhänge veranschaulichen;
- Interaktionen, mit denen der Einfluss von Variablen oder Parametern auf ein System deutlich wird, oder
- Simulationen, in denen die Studierenden Arbeitsaufträge für einzelne Unterthemen ausführen bzw. bestimmte Situationen „durchspielen" können.

Reflexion des Lernfortschritts durch Selbsttests mit Rückmeldung.

- integraler Bestandteil der LV
- dient deutlich besserer Erreichbarkeit der Lehr-/Lernziele

< fnm >

Comprehensive E-Learning

Dieses Label wird vergeben, wenn das E-Learning-Angebot zentraler Bestandteil der Lehrveranstaltung ist, d. h., die Lernziele der Lehrveranstaltung sind ohne die Nutzung des Angebotes nicht zu erreichen. Mindestens eines der folgenden Ziele sollte das E-Learning-Angebot verfolgen:

- Die gesamte Lehrveranstaltung wird online durchgeführt, so dass die Studierenden jederzeit und von jedem Ort aus über das Internet teilnehmen und betreut werden können.
- Studierende erarbeiten Lerninhalte und lernen, sie multimedial aufzubereiten und zu „veröffentlichen".
- Studierende erarbeiten die Lerninhalte und wenden sie im Rahmen von digitalen Planspielen an.
- Studierende erarbeiten die Lerninhalte durch das Ausführen von Arbeitsaufträgen in komplexen Simulationen, die in der Lage sind, wesentliche reale Abläufe virtuell abzubilden (z. B. virtuelle Labore).
- Studierende nutzen ein Lernprogramm, das Folgendes ermöglicht: das selbständige und individualisierte Erarbeiten der Lerninhalte über unterschiedliche Lernpfade, die Verfolgung unterschiedlicher Lernziele (z. B. für unterschiedliche Zielgruppen, Lehrzwecke etc.) und das Erkennen von Verständnisfehlern mit Rückmeldung über den Lernfortschritt.

3.3.13.6. Ergebnis und Konsequenz für eLQe

Dreistufiges Label

- Enriched E-Learning
- Integrated E-Learning
- Comprehensive E-Learning

Kriterien sind geeignet für Lehrveranstaltungsevaluation für Universitäten.

3.3.13.7. Tools

Formular

3.3.14. Universität Gießen

3.3.14.1. Zielsetzung

Verbesserung der Lehrqualität durch didaktisch begründeten Einsatz der Neuen Medien

3.3.14.2. Adressatinnen/Adressaten

Lehrende

< fnm >

3.3.14.3. Zielgruppe/Befragte

Lehrende, Studierende

3.3.14.4. Umsetzungsform

Lehrende können die Eintragung durch eine sehr einfache Selbsteinstufung durch einen einzigen Klick selbst vornehmen. Zunächst erfolgt eine Selbsteinschätzung der Lehrenden und am Ende des Semesters eine Nachherbefragung zur Art und Weise des Einsatzes der Neuen Medien in der Lehrveranstaltung.

3.3.14.5. Evaluationskriterien

Das E-Learning-Label hat drei Stufen.

e-Ergänzung

- Elektronische Medien werden genutzt, um Informationen bereitzustellen (Download von Folien, Skripten usw.); oder/und:
- Kommunikationsmittel wie Mailinglisten, elektronisches „Schwarzes Brett" (News), Chat, moderierte Foren usw. werden punktuell genutzt, um organisatorische Fragestellungen zu klären; oder/und:
- Dynamische Visualisierungshilfen (z. B. Animationen in PowerPoint) werden häufig genutzt.

Das ist zwar noch kein E-Learning im eigentlichen Sinn (Veranstaltungen in dieser Kategorie bekommen deshalb kein „Label"), aber doch meist der erste Schritt in Richtung E-Learning. Entscheidende Möglichkeiten der Neuen Medien werden genutzt, um die Lehrveranstaltung zu unterstützen.

e+ Grundlagen

Elektronische Medien werden eingesetzt zur Unterstützung der Lehrveranstaltung durch den Einsatz z. B. von

- elektronischen Selbstlernangeboten (WBT/CBT)
- Podcasts, E-Lectures
- Online-Tests, E-Klausuren
- Wikis, Blogs, „shared workspaces" zur Erstellung gemeinsamer Inhalte durch die Studierenden
- moderierten Foren, Chats usw. (intensiver Einsatz)

e++ Intensiv
- Die elektronischen Medien werden als integraler Bestandteil der Lehrveranstaltung im Sinne eines Blended-Learning-Angebotes genutzt;
- oder: Die elektronischen Medien werden zur Unterstützung der Lehrveranstaltung durch den Einsatz von mindestens drei der unter „Grundlagen" genannten Angebote genutzt.

3.3.14.6. Ergebnis und Konsequenz für eLQe

Dreistufiges Label

- e-Ergänzung
- e+ Grundlagen
- e++ Intensiv

3.3.14.7. Tools

direkt in LMS oder alternativ eigenes Webformular

3.3.15. Ruhr-Universität Bochum

3.3.15.1. Zielsetzung

Qualitätsentwicklung und sicherung. E-Learning-gestützte Lehrveranstaltungen können in Blackboard oder Moodle und auf den Homepages der Dozierenden mit dem Label angezeigt werden. Somit kann transparent für Studierende und Interessierte auf E-Learning-Inhalte hingewiesen werden.

3.3.15.2. Adressatinnen/Adressaten

Lehrende

3.3.15.3. Zielgruppe/Befragte

Lehrende, Studierende

3.3.15.4. Umsetzungsform

Beantragung durch LV-Anbieter/in. Prüfung durch Mitarbeiter/innen der Qualitätsoffensive (kein Audit). Verständigung per E-Mail. Gültigkeit: ein Semester

< fnm >

3.3.15.5. Evaluationskriterien

Vier Kernkriterien:

1. Transparenz und Orientierung
Der Lehrveranstaltungsinhalt wird im Online-Angebot benannt. Der Zielgruppe werden alle erforderlichen Vorkenntnisse benannt, die auf technischer und inhaltlicher Ebene vom Veranstaltenden erwartet werden. Die Lehrveranstaltungsziele werden hinsichtlich der zu erwerbenden Kenntnisse und Fähigkeiten beschrieben. Alle Leistungsanforderungen (z. B. Klausuren, Referate, Verschriftlichungen etc.) sind samt Fristen (sobald bekannt) für die Abgabe angeführt. Es ist deutlich gekennzeichnet, wie zu erbringende Leistungen (z. B. Klausuren, Referate, Online-Aktivitäten, Verschriftlichungen etc.) gewichtet und bewertet werden. Die zu erbringenden Online-Leistungen sind bei der Errechnung des Workloads mitberücksichtigt.

2. Kommunikations- und Interaktionsmöglichkeiten sowie Betreuung
Ansprechpartner/innen für technischen Support sind den Teilnehmenden online angezeigt. Ansprechpartner/innen für inhaltliche Themen sind den Teilnehmenden online angezeigt. Die Erreichbarkeit aller Veranstaltungsmitverantwortlichen ist angeführt (Kommunikationswege, Sprechzeiten etc.).
Einführungen in oder Anleitungen für E-Learning-Tools werden angeboten. Synchrone und asynchrone Kommunikationswege werden angeboten.
(Mind. eine Angabe erforderlich, max. drei Angaben werden bewertet.)

3. Didaktische Umsetzung sowie Einbettung und Ausgestaltung der medialen Elemente
Es wird in Online-/Präsenzphasen an die jeweils anderen Inhalte angeknüpft.
Online-Kommunikation mit externen Fachkundigen ist in die Konzeption der Veranstaltung eingebunden.
Die Online-Veranstaltung wird mit Hilfe von E-Learning-Sachkundigen (z. B. aus dem eigenen Fachbereich, E-Tutorinnen, E-Tutoren, E-Teams oder zentralen Stellen) erstellt.
Es werden Materialien zur Vor- und Nachbereitung der (Präsenz-)Sitzungen zur Verfügung gestellt. (Mind. eine Angabe erforderlich, max. sechs Angaben werden bewertet.)
Der Lernstoff wird online auf unterschiedlichen Lehr- und Lernwegen dargeboten. (Durch das Einbinden eines Mix von textbasierten, auditiven oder visuellen Online-Elementen werden unterschiedliche Wahrnehmungsgebiete (Lernkanäle) angesprochen. Selbstgesteuertes Lernen wird z. B. mit Wahl- und Pflichtarbeitsbereichen, freier Zeiteinteilung oder projektorientiertem Arbeiten unterstützt. Gruppenarbeiten werden angeregt. Einzelarbeiten werden angeregt.)
Die angebotenen Online-Inhalte werden regelmäßig durch die Kursleitung überprüft. (Mind. zwei Angaben sind erforderlich.)

< fnm >

4. Feedback und Evaluation

Lernerfolgskontrollen und (individuelles) Feedback für die studentischen Kursteilnehmenden sind im Online-Kurskonzept integriert.

Zwischenevaluationen während der laufenden Veranstaltung werden z. B. mit Umfragen, Stimmungsbarometern o. Ä. durchgeführt.

Eine Evaluation, die sich auf die Gesamtveranstaltung inkl. E-Learning-Einsatz bezieht, wird durchgeführt.

Ausgewählte oder alle Online-Angebote werden mit den Studierenden kritisch reflektiert.

Den Teilnehmenden werden die Evaluationsergebnisse transparent gemacht.

Zusätzlich wird erhoben, welche E-Learning-Tools zum Einsatz kommen (Online Tests, WBT, Recordings, MindMaps, Chats, Foren, Blogs, Wikis, VC).

3.3.15.6. Ergebnis und Konsequenz für eLQe

Beispiel einer sehr einfachen Webformular-basierten Umsetzung

3.3.15.7. Tools

Webformular

3.3.16. Donau-Universität Krems

3.3.16.1. Zielsetzung

Lehrgänge der DUK werden mit dem E-Learning Label gekennzeichnet. Die Kennzeichnung dient sowohl der externen als auch der internen Kommunikation. Innerhalb der DUK soll auf Basis der freiwilligen Kennzeichnung eine einheitliche Terminologie und Vergleichbarkeit geschaffen und ein Beitrag zur Lehrentwicklung geleistet werden.

3.3.16.2. Adressatinnen/Adressaten

Lehrgangsleitung

3.3.16.3. Zielgruppe/Befragte

Lehrgangsleitung und Studierende

3.3.16.4. Umsetzungsform

Beantragung durch Lehrgangsleitung. Audit am E-Learning Center

< fnm >

3.3.16.5. Evaluationskriterien

1. Informationen und Materialien
2. Kommunikation
3. Lernprozesse
4. E-Kompetenzen
   Anhand von 50 Indikatoren, bspw. dem Einsatz von Tools, wird die Selbsteinschätzung unterstützt.

3.3.16.6. Ergebnis und Konsequenz für eLQe

Evaluationsobjekt sind Lehrgänge (Lehrgangsjahrgang, nicht Curriculum). An traditionellen Unis sind dies allerdings Lehrveranstaltungen.

3.3.16.7. Tools

Fragebogen (Word)

3.4. Zusammenfassende vergleichende Betrachtung

Die vergleichende Betrachtung von insgesamt 16 internationalen und nationalen Zertifizierungsinitiativen gemäß den erfassten sieben Kategorien (Zielsetzung, Adressatinnen/Adressaten, Zielgruppe/Befragte, Umsetzungsform, Evaluationskriterien, Ergebnis und Konsequenz für eLQe, Tools) erbrachte wertvolle Erkenntnisse für die angestrebte Toolentwicklung. Es zeigte sich, dass grundsätzlich die Zertifizierungsprozesse sehr ähnlich gestaltet sind (Selbstevaluation mit nachfolgendem Audit), jedoch je nach Ausrichtung der Initiative (Adressatinnen/Adressaten, Qualitätsziele, intern oder extern) sehr unterschiedliche Prozessausprägungen aufweisen.

Bezüglich der eingehend betrachteten, für die Toolentwicklung besonders relevanten Kategorie „Evaluationskriterien" kann zusammenfassend Folgendes festgehalten werden. Es wurden von allen Institutionen vergleichsweise ähnliche Kriterien sowie Indikatoren gebildet und typischerweise in Kategorien bzw. Dimensionen gruppiert und mit konkreten Fragen unterlegt. Die Kriterien reichen von allgemeinen institutionellen Rahmenbedingungen bis zu mikrodidaktischen Maßnahmen. Sie unterscheiden sich nicht grundsätzlich, aber im Detail, wiederholen sich häufig, weisen aber durchaus unterschiedliche Schwerpunkte auf. Unterschiedlich ist auch die jeweilige Anzahl, reichend von drei bis elf Kategorien/Dimensionen mit elf bis 31 Kriterien/Indikatoren und 33 bis 500 einzelnen Fragen. In nachstehender Tabelle 1 werden die verwendeten Kategorien aufgelistet, teilweise gruppiert und die Anzahl der Nennungen wird erfasst.

< fnm >

Die Überprüfung auf die Adaptierbarkeit der analysierten Zertifizierungsinitiativen für eLQe hatte zufolge, dass keine der Kategoriengruppen eins zu eins übernommen wurde. Es offenbarten sich keine zwingenden Gründe für eine solche Übernahme, allerdings auch keine zwingenden Gründe für eine Zurückweisung (von Einzelfällen abgesehen). Die Erstellung einer neuen Kategoriengruppe entstand in mehreren Diskussionsprozessen unter Berücksichtigung der österreichischen Hochschullandschaft.

Tabelle 1: Verwendete Kategorien und Anzahl der Nennungen

Kategorien (teilw. zusammengefasst)	Anzahl
1. Lernprozess, Pädagogik, Didaktik	8
2. Mediendesign, Inhaltsqualität	7
3. Information	4
4. Zielgruppenorientierung, Wahlmöglichkeiten	4
5. Programm, Kurs	4
6. Technologie	4
7. Evaluation, Review	4
8. Curriculumdesign, Planung	3
9. Organisation	3
10. Management, Strategie, Vision, Kultur	3
11. Kommunikation	3
12. Personal- und Studierendenunterstützung, Skills	3
13. Andere	

Die im Zuge von eLQe erstellten fünf Kategorien (siehe Kap. 4.1)

■ Didaktische Planung
■ Lernmaterialien/Content
■ Lehr-/Lernprozesse
■ Kompetenzen
■ Information & Administration

entsprechen etwa jenen, die in Tabelle 1 an den Stellen 8., 2., 1., 3. und 9. angeführt werden. Die Kategorie „Kompetenzen" wird von den untersuchten Zertifizierungsinitiativen nicht ausdrücklich evaluiert, dem Projektteam erschien diese allerdings als ein wichtiges Kriterium, denn schließlich sind die Kompetenzen der Akteurinnen/Akteure maßgeblich für die erfolgreiche Umsetzung der Vorhaben verantwortlich.

4. Konzeptualisierung des Tools

4.1. Fragebogen zur Selbstevaluation

Die Selbstevaluation basierte auf einem Fragebogen. Die Entwicklung des Evaluationstools bestand in der softwaretechnischen Umsetzung dieses Fragebogens unter Ermöglichung automatisierter Vorgänge und Auswertungen. Das Entwicklungskonzept sah vor, die Anwendung des Evaluationstools mittels einleitenden knappen Erläuterungen zu unterstützen. Diese helfen der Adressatin bzw. dem Adressaten bei der Definition des Evaluationsobjektes und legen den Bezugsrahmen, das didaktische Szenario, auf den sich die Evaluation bezieht, fest. Der eigentliche Evaluationsprozess geschieht anhand der mit den Evaluationskriterien festgelegten Indikatoren (Items) mittels Ratingskala. Es wurde darauf geachtet, die Anzahl der Items auf ein niedriges Maß zu beschränken.

a) Evaluationsobjekte können sein:

- Lehrveranstaltung
- Lehrmodul
- Lehrgang
- Studiengang

b) Vier mögliche didaktische Szenarien werden zur Auswahl gestellt (siehe Tabelle 2). Sie unterscheiden sich entsprechend der jeweiligen Relevanz von E-Learning (EL), wobei nach fünf Aspekten unterschieden wird.

Tabelle 2: Didaktische Szenarien

	A Präsenz mit EL-Ergänzung	B Blended Learning	C E-Learning betreut	D Selbstlern- programm unbetreut
E-Learning-Einsatz	optional	obligatorisch	obligatorisch	obligatorisch
Inhaltsvermittlung	erfolgt in Präsenz	erfolgt sowohl in Präsenz als auch per E-Learning	erfolgt nur per E-Learning	erfolgt nur per E-Learning
Betreuung	erfolgt in Präsenz	erfolgt in Präsenz und per E-Learning	erfolgt per E-Learning	keine Betreuung
Primärnutzen	E-Learning dient der Be- reitstellung von zusätzlichen Unterlagen	E-Learning dient der didak- tischen Ergän- zung. Präsenz und E-Learning sind wechselsei- tig erforderlich	E-Learning erfüllt alle Ler- nerfordernisse einschließlich Betreuung	E-Learning erfüllt alle Ler- nerfordernisse, keine Betreuung erforderlich
Lernziele	sind auch ohne E-Learning erreichbar	sind nicht ohne E-Learning erreichbar	sind nicht ohne E-Learning und nicht ohne Betreuung erreichbar	sind nicht ohne E-Learning, aber ohne Betreuung erreichbar

c) Die Selbstevaluation erfolgt auf Basis eines Fragebogens (23 Items) mit prozentualer Ratingska-la. Das Rating (0 % – „nicht erfüllt" bis 100 % – „gänzlich erfüllt") kann in Form eines Sliders oder alternativ in Form einer Drop-down-Liste eingegeben werden:

< fnm >

3. SELBSTEVALUATION

Blended Learning

1 E-Learning ist obligatorisch.
2 Inhaltsvermittlung erfolgt sowohl in Präsenz als auch per E-Learning.
3 Betreuung erfolgt in Präsenz und per E-Learning.
4 E-Learning dient der didaktischen Ergänzung, Präsenz und E-Learning sind wechselseitig erforderlich.
5 Lernziele sind nicht ohne E-Learning erreichbar.

I. Didaktische Planung

	nicht erfüllt	gänzlich erfüllt	
I.1 Didaktisches Szenario Der gesamte Lernprozess ist in seinem Ablauf dem zugrundeliegenden Curriculum entsprechend strukturiert. Präsenz- und E-Learningphasen sind didaktisch begründet abgestimmt. ❶			85% ▾
I.2 Didaktische Methode Aus der didaktischen Vielfalt die sich durch E-Learning ergeben sind geeignete Methoden ausgewählt. ❶			50% ▾
I.3 Lehr/Lernziele und Leistungsüberprüfung Für die gesamte LV und für jede Phase sind die Lehr- und Lernziele definiert, die Lernergebnisse sind beschrieben und die Leistungsüberprüfung ist den Zielen angepasst. ❶			100% ▾
I.4 Medien- und Materialienauswahl Medien und Materialeien stehen, der didaktischen Methode entsprechend vorselektiert, zur Verfügung. ❶			78% ▾
I.5 Auswahl der Werkzeuge Es stehen in jeder Phase des Lernprozesses zur gewählten didaktischer Methode passende Tools zur Verfügung. ❶			82% ▾

II. Lernmaterialien/Content

	nicht erfüllt	gänzlich erfüllt	
II.1 Statische Inhalte Unterschiedliche statische Formate werden dem Lehrstoff eingesetzt. ❶			100% ▾

Abbildung 2: Screenshot. Kriterien mit Ratingskala für die Selbstevaluation

d) Die Evaluation ist in fünf Hauptkategorien unterteilt, jede Hauptkategorie enthält vier bzw. fünf Unterkategorien mit je einem Item. Diese insgesamt 23 Items, die jeweils mittels einer Reihe von Indikatoren (in Mouse-over-Textbox auf der Webseite) stichwortartig erläutert werden, sind zu evaluieren.

I. Didaktische Planung

I.1 Didaktisches Szenario
Der gesamte Lernprozess ist in seinem Ablauf dem zugrunde liegenden Curriculum entsprechend strukturiert. Präsenz- und E-Learningphasen sind didaktisch begründet abgestimmt.

I.2 Didaktische Methode
Aus der didaktischen Vielfalt, die sich durch E-Learning ergibt, sind geeignete Methoden ausgewählt.

I.3 Lehr-/Lernziele und Leistungsüberprüfung
Für die gesamte LV und für jede Phase sind die Lehr- und Lernziele definiert, die Lernergebnisse sind beschrieben und die Leistungsüberprüfung ist den Zielen angepasst.

< fnm >

I.4 Medien- und Materialienauswahl
Medien und Materialien stehen, der didaktischen Methode entsprechend vorselektiert, zur Verfügung.

I.5 Auswahl der Werkzeuge
Es stehen in jeder Phase des Lernprozesses zur gewählten didaktischen Methode passende Tools zur Verfügung.

II. Lernmaterialien/Content

II.1 Statische Inhalte
Unterschiedliche statische Formate werden dem Lehrstoff eingesetzt.

II.2 Dynamische Inhalte
Komplexe Sachverhalte sind in anschaulicher Form aufbereitet im Einsatz.

II.3 Externe Quellen
Externe Quellen sind erschlossen und werden genutzt.

II.4 Von Studierenden erzeugte Inhalte
Die Erstellung von Inhalten durch Studierende wird unterstützt.

II.5 Ergänzende Materialien
Ergänzende unterstützende Materialien sind vorhanden.

III. Lehr-/Lernprozesse

III.1 Moderation und Beratung
Eine aktive Auseinandersetzung mit den Lerninhalten wird initiiert und supervidiert. Beratung zum Lernprozess wird gegeben.

III.2 Monitoring und Feedback
Die Lernenden erhalten auf einzelne Lernergebnisse zeitnahes Feedback. Dieses wird nachvollziehbar dokumentiert.

III.3 Kommunikation
Es werden Kommunikationswerkzeuge zum Austausch unter den Studierenden und mit Lehrenden eingesetzt.

III.4 Vertiefung
Es werden (Übungs-)Aufgaben zum Lösen eingesetzt, um das Verständnis zu vertiefen und zu festigen.

III.5 Lernerfolgskontrolle
Auf die Lernziele bezogene Kontrollinstrumente werden genutzt. Qualifizierende Prüfungsinstrumente und nichtqualifizierende Wissensüberprüfungsinstrumente werden eingesetzt.

< fnm >

IV. Kompetenzen

IV.1 Medien-/Informationskompetenz (Digital Literacy)
Im zuständigen Personenkreis kann auf Medienkompetenzträger/innen zugegriffen werden.

IV.2 IT-Kompetenz
Im zuständigen Personenkreis kann auf IT-Kompetenzträger/innen zugegriffen werden.

IV.3 eModerationskompetenz
Im zuständigen Personenkreis kann auf eModerationskompetenzträger/innen zugegriffen werden.

IV.4 Inhaltserstellungskompetenz
Im zuständigen Personenkreis kann auf Authoring-Kompetenzträger/innen zugegriffen werden.

V. Information & Administration

V.1 Programm/Kurs/Modul/LV-Information
Informationen zum Studienprogramm bzw. Kurs oder zur Lehrveranstaltung sind deutlich ausgeschildert.

V.2 Formalkriterienerfüllung
Kriterien zur Teilnahme und für einen erfolgreichen Abschluss sind ausgeschildert.

V.3 Nutzerverwaltung
Für die Verwaltung von Studierenden, Lehrenden, Terminen und Veranstaltungen wird ein Verwaltungssystem genützt.

V.4 Lernportal
Für die Interaktionen zwischen Lernenden und Lehrenden wird primär ein zentrales Lernmanagementsystem genützt.

e) Gewichtungsfaktoren

Abhängig vom jeweiligen didaktischen Szenario kommen den einzelnen Kriterien bzw. Indikatoren unterschiedliche Bedeutungen zu. Dies wird mittels Gewichtungsfaktoren berücksichtigt.

f) Ergebnisse

Die Evaluationsergebnisse werden in einer Datenbank gespeichert (im Registrierungsfall) und damit für Benchmarking und weiterführende Analysen verfügbar gemacht. Für die Ergebnisdarstellung wird u. a. ein Radar- bzw. Balkendiagramm ausgewählt.

4. AUSWERTUNG

Blended Learning

Bezeichnung Studium/Kurs/Lehrveranstaltung:
eEducation
Erstellt am:
2014-04-08 15:16:53

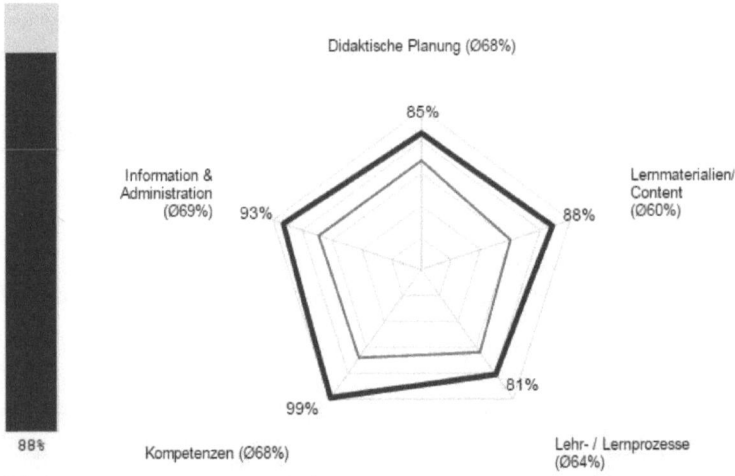

Abbildung 3: Screenshot. Auswertung als Radardiagramm für die Einzelkategorien und als Balkendiagramm für den Mittelwert über alle Kategorien. Werte in Rot stellen Durchschnittswerte anderer Evaluationen dar.

Das Selbstevaluationstool eLQe ist erreichbar auf www.elqe.at.

eLearning Qualitätsevaluation

eLQe unterstützt Programmverantwortliche und Lehrende bei der Planung und Durchführung von E-Learning Aktivitäten im Rahmen von Lehrveranstaltungen. Mittels des Evaluationstools werden Kriterien und Indikatoren bereitgestellt, um das eigene eLearning Angebot reflektieren und quantifizieren zu können.
Die Dateneingabe erfolgt grundsätzlich anonym. Ist eine vergleichende Auswertung mit anderen (eigenen oder nicht eigenen) Angaben erwünscht, ist eine Registrierung erforderlich.

Die Benutzung des eLQe Tools erfolgt in 4 Schritten:

1. Metadatenangabe	**2. Auswahl des Lehr/Lernszenarios**	**3. Selbstevaluation**	**4. Auswertung**
Einleitend werden die Metadaten des Evaluationsobjektes erfasst.	Es ist eine Auswahl zu treffen, welches Lehr/Lernszenario der Evaluation zugrunde liegt.	Das Selbstevaluationstool basiert auf Ausfüllen eines Datenbank-gestützten Onlineformulars durch Angabe von Prozentwerten (Slider oder Listbox).	Die Auswertung erfolgt in Form eines Diagrammes, aufgeschlüsselt nach 5 Kategorien sowie als Gesamtmittelwert.
Das Evaluationsobjekt kann ein gesamtes Studium oder ein Kurs oder eine einzelne Lehrveranstaltung sein.	Die Auswahl des Szenarios bestimmt die Gewichtung der quantitativen Auswertung.	Die Prozentzangabe bezieht sich auf den Erfüllungsgrad der jeweiligen Kriterien.	Ergebnisse können bei Registrierung anwenderspezifisch gespeichert werden.

Das eLearning Qualitätsevaluationstool eLQe wurde im Rahmen eines vom **Forum Neue Medien Austria** geförderten Projektes vom eLearning Center der Donau-Universität Krems und common sense - eLearning & training consultants entwickelt.

Kontakt
Email: elearning(at)donau-uni.ac.at
Tel: +43(0)2732893-2360
http://www.donau-uni.ac.at/elearning

Disclaimer
Die Nutzung dieser Webseite ist in der Regel ohne Angabe personenbezogener Daten möglich. Soweit personenbezogene Daten erhoben werden, erfolgt dies stets auf freiwilliger Basis. Diese Daten werden nicht an Dritte weitergegeben. Wir weisen darauf hin, dass die Datenübertragung im Internet Sicherheitslücken aufweisen kann.

Impressum
Donau-Universität Krems
E-Learning Center
Dr.-Karl-Dorrek-Strasse 30
3500 Krems
Tel: +43(0)2732893-0
Fax:+43(0)2732893-4000

Abbildung 4: Screenshot der eLQe-Startseite

Die Anwendung des Tools erfolgt in vier Schritten:

Schritt 1: Metadatenangabe
Einleitend werden die Metadaten des Evaluationsobjektes erfasst. Das Evaluationsobjekt kann ein gesamtes Studium, ein Kurs oder eine einzelne Lehrveranstaltung sein.

Schritt 2: Auswahl des Lehr-/Lernszenarios
Es ist eine Auswahl zu treffen, welches Lehr-/Lernszenario der Evaluation zugrunde liegt. Die Auswahl des Szenarios bestimmt die Gewichtung der quantitativen Auswertung. Die Gewichtung berücksichtigt, dass die gleichen Items in unterschiedlichen Szenarien unterschiedliche Bedeutung haben können (Beispiel: eModerationskompetenz in betreutem oder unbetreutem Szenario).

< fnm >

Schritt 3: Selbstevaluation

Das Selbstevaluationstool basiert auf dem Ausfüllen eines Datenbank-gestützten Onlineformulars durch Angabe von Prozentwerten (Slider und Listbox). Die Prozentangabe bezieht sich auf den Erfüllungsgrad der jeweiligen Kriterien.

Schritt 4: Auswertung

Die Auswertung erfolgt in Form eines Diagrammes, aufgeschlüsselt nach sechs Kategorien sowie als Gesamtmittelwert. Ergebnisse können anwenderspezifisch gespeichert werden.

4.2. Technische Umsetzung

Die Umsetzung des Fragebogens geschieht in Form eines interaktiven Webinterface. Für Nutzer/innen steht sowohl ein registrierter Zugang als auch ein anonymer Gastzugang zur Verfügung. Die Registrierung erlaubt die Speicherung von Daten, wodurch eine nachhaltige Mehrfachnutzung möglich ist. In einer späteren Ausbaustufe soll auch ein Benchmarking der eigenen Auswertung im Vergleich zu (anonymisierten) Auswertungen vergleichbarer Kategorien angeboten werden.

Die technische Umsetzung erfolgt mit CakePHP, einem gut auf den vorliegenden Fall anpassbaren Application Framework zur Codeentwicklung.

Die erforderliche Basis ist ein Apache Webserver mit

- PHP 5.2.8 oder größer
- mod_rewrite
- Datenbank MySQL 4 oder größer.

CakePHP ermöglicht eine einfache Benutzeranbindung an externe Verzeichnisdienste, bringt sehr wenig Overhead mit, da die Applikation auf den Anwendungsfall zugeschnitten ist. Es sind nur wenige (bis gar keine) Updates nötig. CakePHP weist sehr wenige Sicherheitslücken auf.

Die Website ist auf dem Server des E-Learning Centers der Donau-Universität Krems gehostet.

< fnm >

5. Zusammenfassung und Ausblick

Die österreichische E-Learning-Community bekennt sich zu einer qualitätsbezogenen Auseinandersetzung mit dem Einsatz von E-Learning. Das Forum neue Medien in der Lehre Austria hat im Zuge des F&E-Calls 2012 die Entwicklung des vorliegenden „eLearning-Qualitäts-Evaluationstool" beauftragt, die vom eLearning Center der Donau-Universität Krems und common sense - eLearning & training consultants GmbH durchgeführt wurde. Beide Partner waren bereits in einschlägigen Projekten tätig, von der Donau-Universität Krems wurde ein E-Learning Label entwickelt und common sense war in der Entwicklung des Caucasus eLearning Quality Checks involviert.

Es wurden in der ersten Projektphase Institutionen und Netzwerke, die Zertifizierungen als Maßnahme zur Qualitätsentwicklung für E-Learning durchführen, erfasst und analysiert, worauf eine Überprüfung auf die Adaptierbarkeit von Aspekten dieser Zertifizierungsaktivitäten auf die österreichische Hochschullandschaft erfolgte. Die vergleichende Betrachtung von insgesamt 16 internationalen und nationalen Zertifizierungsinitiativen zeigte, dass grundsätzlich die Zertifizierungsprozesse ähnlich gestaltet sind, indem sie auf einer Selbstevaluation mit nachfolgendem Audit beruhen. In Bezug auf die für die Toolentwicklung besonders relevanten Evaluationskriterien wurde eruiert, dass sie einander im Wesentlichen gleichen, sich in Anzahl, Gruppierung, Bedeutung und Detailierung aber unterscheiden. Sie reichen von allgemeinen institutionellen Rahmenbedingungen bis zu mikrodidaktischen Maßnahmen. Die zweite Projektphase widmete sich der Kriterienentwicklung, die von intensiven Diskussionsprozessen geprägt war. Beispiele guter Praxis aus den vorangegangenen Analysen sowie die von beiden Projektpartnern bereits gesammelten eigenen Erfahrungen wurden herangezogen und ein Fragebogen wurde entwickelt. Praxisrelevanz und minimale Durchlaufzeiten bei Berücksichtigung von sowohl didaktischen und pädagogischen als auch formalen und organisatorischen Kriterien waren zu berücksichtigen. In der dritten Projektphase erfolgte die Programmierung. Es wurde eine Web-basierte Lösung verwirklicht, da dadurch die Aspekte Programmiersprache (PHP), Distribution (Web), Betriebssystem (Unabhängigkeit) und Clientprogramm (Browser) auf vorteilhafte Art und Weise berücksichtigt werden konnten. Es galt dabei die Balance zwischen Verallgemeinerung und Praktikabilität zu halten, ebenso wurde darauf geachtet, die Anzahl der Evaluationsfragen möglichst gering zu halten. In der vierten Phase, der Pilotierung, wurden Rahmenbedingungen mit Vertreter/innen der Universitäten, Fachhochschulen und Pädagogischen Hochschulen eruiert. In zwölf Fokusgruppen konnten dankenswerterweise die jeweiligen Interessen diskutiert werden. Das Miteinbeziehen der Zielgruppe wurde zwar vorzeitig eingeleitet, jedoch konnte der zweite Teil der Pilotierungsphase – die Überprüfung der Praxistauglichkeit – nicht innerhalb des Projektzeitraumes abgeschlossen werden. Die Umsetzung der Programmierung erforderte aufwendigeren Diskussionsbedarf und wiederholtes Redesign, es mussten schließlich zusätzliche Ressourcen aufgebracht werden. Die Überprüfung der Praxistauglichkeit wurde eingeleitet, indem ein Feedbackfragebogen an die oben genannten Personen ausgesandt wurde, die Auswertung der Rückmeldungen wird aber erst zu einem späteren Zeitpunkt erfolgen können.

< fnm >

Dem Selbstevaluationstool wurden fünf Kategorien, die insgesamt 23 Items enthalten, zugrunde gelegt Die Items wurden zusätzlich mit jeweils zwei bis fünf Indikatoren erläutert. Die Erstellung der Kategorien und Items entsprang mehreren Diskussionsprozessen unter Berücksichtigung der österreichischen Hochschullandschaft.

I.   Didaktische Planung – *Didaktisches Szenario, Didaktische Methode, Lehr-/Lernziele und Leistungsüberprüfung, Medien- und Materialienauswahl, Auswahl der Werkzeuge*

II. Lernmaterialien/Content – *Statische Inhalte, Dynamische Inhalte, Inhalte externer Quellen, Von Studierenden erzeugte Materialien, Ergänzende Materialien*

III. Lehr-/Lernprozesse – *Moderation und Beratung, Monitoring und Feedback, Kommunikation, Vertiefung, Lernerfolgskontrolle*

IV. Kompetenzen – *Medien/Informationskompetenz (Digital Literacy), IT-Kompetenz, eModerationskompetenz, Inhaltserstellungskompetenz*

V.   Information & Administration – *Programm/Kurs/Modul/LV-Information, Formalkriterienerfüllung, Nutzerverwaltung, Lernportal*

Die Anwendung des Tools erfolgt in vier Schritten. Erstens der Metadatenangabe – das Evaluationsobjekt kann ein gesamtes Studium, ein Kurs oder eine einzelne Lehrveranstaltung sein. Zweitens der Auswahl des Lehr-/Lernszenarios – es ist eine Auswahl zu treffen, welches Lehr-/Lernszenario der Evaluation zugrunde liegt. Drittens der Selbstevaluation – das Selbstevaluationstool basiert auf dem Ausfüllen eines Datenbank-gestützten Onlineformulars durch Angabe von Prozentwerten bezüglich des Erfüllungsgrades. Viertens der Auswertung – die Auswertung erfolgt in Form eines Diagrammes, aufgeschlüsselt nach den fünf Kategorien sowie als Gesamtmittelwert. Ergebnisse können anwenderspezifisch gespeichert werden und bei Bedarf mit anderen Eingaben verglichen werden. Die Selbstevaluation, die auf www.elqe.at durchgeführt werden kann, liefert Daten, die eine Orientierung in Bezug auf die Erreichung eigener Qualitätsziele anbietet, sodass auf diese Weise eine ressourcenfreundliche, auf Eigenleistung beruhende Qualitätsentwicklung ermöglicht wird.

Im Zuge der Fokusgruppen wurde festgestellt, dass entsprechend der gegebenen heterogenen Hochschullandschaft unterschiedliche Anforderungen an ein derartiges Evaluationstool bestehen. Es ist daher eine Weiterentwicklung geplant, dies wurde von den Projektpartnerinnen, Projektpartnern, Pilotuserinnen und Pilotusern bekundet, ebenfalls wurden bereits Ressourcen in Aussicht gestellt. Das Vorhaben kann als vielversprechender bundesweiter Beitrag für eine vereinheitlichte Qualitätsentwicklung im E-Learning in der Hochschullehre betrachtet werden.

< fnm >

Literaturverzeichnis und Weblinks

Bratengeyer, E. & Schwed, G. (2012). Zertifizierung von Blended-Learning-Studienprogrammen (Praxisreport). In G. Csanyi, F. Reichl & A. Steiner (Hrsg.), *Digitale Medien. Werkzeuge für exzellente Forschung und Lehre* (S. 473-475). Münster: Waxmann.

Buhren, C. G., Killus, D. & Müller, S. (1999). *Wege und Methoden der Selbstevaluation. Ein praktischer Leitfaden für Schulen* (2. Aufl.). Dortmund: IFS.

Ehlers, U.-D., Pawlowski, J. M. (Hrsg.) (2006). *Handbook of Quality and Standardisation in E-Learning*. Heidelberg: Springer.

Hense, J. U. & Mandl, H. (2006). *Selbstevaluation als Ansatz der Verbesserung von E-Learning-Angeboten* (Forschungsbericht Nr. 184). München: Ludwig-Maximilians-Universität, Department Psychologie, Institut für Pädagogische Psychologie.

Löfström, E. et al. (2006). *Quality Teaching in Web-Based Environments: Handbook for University Teachers*. University of Helsinki, Academic Affairs.

Preussler, A. & Baumgartner P. (2006). Qualitätssicherung in mediengestützten Lernprozessen – zur Messproblematik von theoretischen Konstrukten. In A. Sindler, C. Bremer, U. Dittler et al. (Hrsg.), *Qualitätssicherung im E-Learning* (S. 73-85). Münster: Waxmann.

Sonnberger, J. & Bruder, R. (2009). Evaluation und Qualitätssicherung durch ein E-Learning-Label. In U. Dittler et al.(Hrsg.), *E-Learning: Eine Zwischenbilanz. Kritischer Rückblick als Basis eines Aufbruchs* (S. 55-70). Münster: Waxmann.

Stracke, C. M. (Hrsg.) (2009). *Qualität und Standards im E-Learning*. Universitätsbibliothek Duisburg-Essen.

Tergan, S. O. (2004). Realistische Qualitätsevaluation von E-Learning. In D. M. Meister, S. O. Tergan & P. Zentel (Hrsg.), *Evaluation von E-Learning. Zielrichtungen, methodologische Aspekte, Zukunftsperspektiven* (S. 131-154). Münster: Waxmann.

Ausgewählte Weblinks [Abrufdatum 8.4.2014]

Becta, Self-review Framework:
http://webarchive.nationalarchives.gov.uk/20101102103713/
https://selfreview.becta.org.uk/about_this_framework

Deutsches Netzwerk der E-Learning Akteure e.V. Die Qualitätsplattform Lernen:
http://issuu.com/delan/docs/qpl_qualitaetsplattform_lernen_teil_a

Donau-Universität Krems, E-Learning Center. E-Learning Label:
http://www.donau-uni.ac.at/de/service/elearning/label/index.php

< fnm >

eLearning Netzwerk eLSA:
> http://elsa20.schule.at

eLearning Qualitätsevaluationstool:
> http://elqe.at

epprobate - the international quality label for eLearning courseware:
> http://epprobate.com/

Estonian e-course quality label:
> http://www.e-ope.ee/en/quality

European Association of Distance Teaching Universities. Quality Assurance in E-Learning:
> http://www.eadtu.nl/e-xcellencelabel/

European Foundation for Management Development. Technology-Enhanced Learning accreditation: http://www.efmd.org/accreditation-main/cel

European Foundation for Quality in E-Learning. Open ECBCheck:
> http://cdn.efquel.org/wp-content/uploads/2012/03/ECBCheck_Presentation_EN.pdf?a6409c

European Foundation for Quality in E-Learning:
> http://efquel.org

Finnish Quality Management in e-Learning VOPLA:
> http://www.vopla.fi/about_vopla/index.html

Goethe-Universität Frankfurt. eLearning-Label:
> http://www.studiumdigitale.uni-frankfurt.de/ella/index.html

Justus-Liebig-Universität Gießen. E-Learning-Label:
> http://www.uni-giessen.de/cms/fbz/svc/hrz/org/mitarb/abt/2/el/label

National Association of Advisors for Computers in Education:
> http://www.naace.co.uk/

Qualitätsinitiative E-Learning in Deutschland (Q.E.D.):
> http://www.qed-info.de/

Ruhr-Universität Bochum. eLearning-Label:
> http://www.rubel.rub.de/elearning_label

Shared Evaluation of Quality in Technology-Enhanced learning:
> http://www.sevaq.eu

TU Darmstadt. E-Label:
> http://www.e-learning.tu-darmstadt.de/qualitaetssicherung/elabel/index.de.jsp

Universität Kassel. E-Learning-Label:
> http://www.uni-kassel.de/einrichtungen/servicecenter-lehre/educampus/e-learning-label.html